बोलते आखर

काव्य संग्रह

मनीषा सहाय "सुमन"

परिचय : प्रान्ति इंडिया

प्रान्ति इंडिया के तत्वावधान में कवियों/लेखकों के प्रोत्साहन के उद्देश्य से 'इनामी वीडियो' प्रतियोगिता का आयोजन एवं वेब ठिकाना www.prantiindia.com पर रचनात्मक लेखन की निः शुल्क व्यवस्था कराई गयी है। साथ ही, चयनित रचनाओं को पुस्तक-पत्रिकाओं में प्रकाशन की भी सुविधा है। अगर आप किसी भी प्रकार की अन्य जानकारी पाना चाहते हैं तो हमें बेझिझक फोन/मेल करें।

➤ फोन : 80833 53384 | मेल : care@prantiindia.com

बोलते आखर

काव्य संग्रह

मनीषा सहाय "सुमन"

प्रकाशक :

Notion Press Inc.
800, West El Camino Real 180
California, USA 94040

संपादक :

Pranti India
495, Purani Bajar, Bagaura
Siwan, Bihar, INDIA 841404

मुद्रक :

Notion Press Media Pvt Ltd
7, Red Cross Road, Egmore
Chennai, Tamil Nadu, INDIA 600008

प्रथम संस्करण 2022
पुनः मुद्रण 2023

समर्पण

मैं स्वर्गीय माता 'सुमन सक्सेना' एवं पिता कवि 'सुरेन्द्र नाथ सक्सेना' को काव्य संग्रह **"बोलते आखर"** समर्पित करती हूँ, जिनके मार्गदर्शन व शिक्षण ने मुझे सदैव आगे बढ़ने को प्रेरित किया है।

मनीषा सहाय "सुमन"
लेखिका, बोलते आखर

स्नेहिल शुभकामनाएं

अत्यंत हर्ष का विषय है कि मनीषा सहाय 'सुमन' का काव्य-संग्रह 'बोलते आखर' प्रकाशित हो रहा है। काव्य-प्रतिभा उन्हें विरासत में अपने पिताश्री कविवर सुरेन्द्र नाथ सक्सेना से मिली है और उनका साहित्यिक उपनाम 'सुमन' उनकी अपनी माता का नाम रहा है।

वह जितनी अच्छी कवयित्री हैं, उतनी ही अच्छी पुत्री भी है और उनके द्वारा अपने इस प्रथम काव्य-संग्रह को अपने माता-पिता को समर्पित करना उनके अत्यंत भावुक और संवेदनशील इंसान होने का ही परिचायक है। मेरे लिए यह सौभाग्य की बात है कि वह मेरी बड़ी बहन हैं। मनीषा सहाय जो भी लिखती हैं, सीधे हृदय से लिखती हैं। जितनी सहजता से भाव उनके हृदय में उमड़ते हैं, उतनी ही सहजता से वे कागज़ पर उतरते हैं और सीधे पाठकों और श्रोताओं के हृदय को छू लेते हैं।

इस संग्रह में शामिल उनकी कविताएं केवल उनके ही मन का उद्गार नहीं है, बल्कि ये अनेकानेक हृदय की भावनाओं की अभिव्यक्ति प्रतीत होती हैं और इस दृष्टि से उनकी कविताओं का पटल बहुत व्यापक और विस्तृत है। निश्चित रूप से मां वाणी की उनपर बहुत कृपा है। उनके इस प्रथम काव्य-संग्रह के लिए मैं उन्हें बहुत बहुत बधाई देता हूँ और कामना करता हूं कि वह काव्य-जगत में एक चमकते हुए सूर्य की तरह अपना स्थान प्राप्त करें। उनकी लेखनी इसी प्रकार चलती रहे और पाठक उनकी इस प्रतिभा का रसास्वादन करते रहें।

सहस्र शुभकामनाओं के साथ।

पीयूष कांति
(साहित्यकार एवं उपनिदेशक
राज्य सभा सचिवालय, भारतीय संसद)
मो.-7303690735

स्नेहाशीष

मौन का संवाद तूफानी होता है और इससे प्रस्फुटित 'आखर' अत्यधिक ताकतवर होते हैं। हमेशा सुमन की तरह खिली-खिली रहने वाली कवयित्री मनीषा सहाय 'सुमन' के काव्य संग्रह "बोलते आखर" के आखर सिर्फ बोलते ही नहीं, बल्कि पूरे जोश के साथ पाठकों को जागरूक भी करते हैं।

इनके 'आखर' प्रेरणादायक, संदेशात्मक स्वर लिए हुए जन- मानस के हृदय को छूने में सक्षम हैं। मनीषा सहाय "सुमन" एक जुझारू, साहसी और सजग कवयित्री हैं। इनके पास ज़िंदगी को देखने का खूबसूरत नज़रिया है। आशावादी धरातल पर रची गई इनकी कविताएं नव कोंपलों की भाँति मन को हर्षित कर सकारात्मक ऊर्जा प्रवाहित करती हैं। सामाजिक सरोकारों की कवयित्री मनीषा सहाय ने जीवन से जुड़े विभिन्न विषयों पर अपनी गहरी अभिव्यक्ति के आखर गढ़े हैं।

अध्यात्म से गूढ़ लगाव होने के कारण उनके पास मानवीय संवेदनाओं को समझने की पैनी दृष्टि है। भविष्य में भी इनकी लेखनी सार्थक मूल्यों को स्थापित करने में अपनी भूमिका निभाती रहे। आशा है पाठकों को इनके"बोलते आखर" पसंद आएंगे। मनीषा सहाय "सुमन" को हार्दिक बधाई और उज्ज्वल भविष्य की असीम शुभकामनाएं।

डॉ. सुरिन्दर कौर नीलम
साहित्यकार, शिक्षाविद
राँची, झारखंड

आशीर्वचन

साहित्य समाज का दर्पण है। एक रचनाकार समाज की वास्तविक तस्वीर को अपने साहित्य व कविताओं में उतारने को प्रयत्नशील रहता है। कविता व लेखन परंपरागत रूप में मेरी अनुजा मनीषा सहाय 'सुमन' को पिता से प्राप्त हुआ है। "बोलते आखर" काव्य संग्रह उनकी भावनात्मक कृति संवेदनाओं की अभिव्यक्ति है। यह काव्य संग्रह हर आयु वर्ग के व विभिन्न विचारधाराओं के पाठकों को प्रभावित करने वाली पाठकीय सामग्री का संग्रह है। यह एक ऐसा संग्रह है जो प्रत्येक नए लेखकों के लिये संग्रहणीय होगा। गणपति आराधना से प्ररांम्भ होने वाली कवयित्री की काव्य यात्रा कायस्थ कुल के जनक भगवान चित्रगुप्त की भक्ति की धारा को प्रवाहित करते हुए आगे बढती है।

> "वेदों की ऋचाएं,हर शब्द तुम्हारा रूप,
> मन के चिंतन, विचारों के चित्र स्वरूप,
> युगों-युगों से दिशा देती लेखनी संसार को,
> चित्रगुप्त भगवान साक्षात कर्म के प्रारूप।"

कवयित्री की यह यात्रा जन -मानस के पर्व त्योहारों को लेखनी द्वारा चित्रित करते हुए, जीवन मूल्यों तक निर्बाध जाती है-

> "चिंतन के क्षितिज को तुम विस्तार दो,
> विचारों के वैभव को जरा फैलाव दो।
> तोड़कर दासता ,कुरीतियों का पिंजर,
> शिक्षा की स्वर्ण रश्मियों को आकार दो।"

कवयित्री का मन और भी बहुत कुछ कहना चाहता है। उसका मन कभी भावुक हो गौरेया के विलुप्त होने पर द्रवित हो उठ कह पड़ता है-

"गौरेया आ जाना मेरे देश,
भावुक शब्दों में लिख रही संदेश।"

वहीं समाजिक व्यवस्थाओं से सिर्फ नराज होना नही स्वीकारती बल्कि
स्थिती को आईना की तरह सामने रखती हैं-

"नही बढ़ाता कोई मददवाला हाथ,
न कोई सेंटा,न आएगा कोई भगवान!
झूठ सब कहतें है! मालिक रहम कर,
गरीबी - लाचारी बन गई अभिशाप!"

जहाँ मन में सच्चाई को स्वीकारती है वहीं महात्मा गाँधी के विचारों से
प्रेरणा लेती हुए, सकारात्मक भावों से वर्तमान परिप्रेक्ष्य में देशप्रेम की
अलख जगाती लेखनी तिरंगा की व्यथा को शब्द में बाँधने को आतुर हो
उठती है-

"मैं रोया बार-बार,
लिपट शहीदों से हर बार,
उनके बलिदानों को नमन कर,
जन-गण-मन को फिर तौल रहा हूँ,
मैं तिरंगा बोल रहा हूँ....."

इस संग्रह में वैविध्य पूर्ण विषयों को समाहित करने का सफल प्रयास
कवयित्री मनीषा सहाय ने किया है, जो सराहनीय व प्रशंसनीय कार्य है।
मैं मंगलकामना करता हूँ कि आपका यह काव्य संग्रह
हर आयु वर्ग के पाठकों के लिये सहज पठनीय, लोकप्रिय एवं संग्रहणीय
हो। उत्कृष्ट व लोकोपयोगी प्रकाशन के लिय अनंत-अशेष मंगलकामनाएं।

तुषार सक्सेना
अग्रज भ्राता, अधिवक्ता
पटना सिटी, दिवान मोहल्ला

अपनी बात

पिताजी की साहित्य साधना ने मुझे साहित्य की ओर सदैव प्रेरित किया है। यह उनकी लेखनी और आराधना का ही आशीर्वाद है कि मैं हिन्दी लेखन, कविता व कहानियों मे रूचि लेने लगी। कविताएं अंतर्मन की हलचल के परिणाम स्वरूप हृदय में समाने लगी और न जाने कब मेरे मन में एक रचनाकार ने आकार ले लिया। पिता जी की साहित्य साधना व दर्शन ने मेरी सोच व ज्ञान को विस्तृत कर लेखन की बारीकियों व उद्देश्यों को समझाते हुए सत्य की व्यापकता, अक्षर ब्रह्म की शाश्वत अनुभूति के क्षितिज का अवलोकन कराया है, जिसके प्रकाश में हृदय में उदित होने वाले विचार अक्षर और शब्दों का रूप ले पन्नों पर उतरने लगे। 'बोलते आखर' काव्य संग्रह में सामयिक घटनाओं,पर्व,त्योहार,देश में घटित ज्वलंत मुद्दों पर बेबाकी से लिखना और सत्य को आईने की तरह सबके सामने रखने का मैंने प्रयास किया है। रोजाना जिन उतार चढ़ाव से हमारा जीवन प्रभावित होता है,जो कहीं अन्दर तक हमें झिंझोड़कर सोचने को बाध्य कर देतें हैं ,वैसे मुद्दों पर भी लेखनी चलाने का साहस मैंने किया है। इस काव्य संग्रह को सिर्फ मेरे मन में उठे उद्गारों की पुस्तिका मात्र कहना ठीक होगा। मैंने अपनी अल्प बुद्धि से, जो जैसा दिखा उसे शब्दों में आपके समक्ष रख दिया है। इस संग्रह को पाँच भागों में अलग अलग बाँट कर कविताओं को संगृहीत किया गया है।

'शुचिता संग्रह' में आस्था व विश्वास की अभिव्यक्ति को सजाने की कोशिश की है। 'भाव-प्रवाह' में कुछ गीतों को लिखने का प्रयास किया गया है। मन के उद्गार उन रचनाओं को समेटने का प्रयास है जो विभिन्न मंचों पर विषयगत लेखन अभ्यास करते हुए सृजित की गई और मंचों पर सम्मानित हुई हैं। प्रेरक उद्गार में उन रचनाओं का संग्रह है जो मेरी प्रेरणा बनी हैं और मुझे लेखनी उठाने को बाध्य कर दिया है। पाँचवा " दर्पण" में उन रचनाओं की झलक दिखाई देगी ,जिनसे हम रोज ही गुज़रते हुए कहीं अन्दर तक प्रभवित हो जाते हैं। इस संग्रह में विभिन्न विषयों की कविताओं को आपके समक्ष रखने का साहस किया है। ये किसी शैली, विधा, रस से संबधित अभिव्यक्तियां नहीं हैं, ये सीधे सादे बोलते आखर हैं, जो मेरे मन के उद्गार के रूप में पन्नों पर उतर आए हैं। झारखंड रत्न से सुशोभित माँ वीणापाणी की साधिका, साहित्यकार,

शिक्षाविद आद.सुरिन्दर कौर नीलम दी का हृदय से आभार प्रकट करती हूँ जिन्होने मेरा मार्गदर्शन कर मुझे उपकृत किया है। मैं अपने बड़े भाई आद. तुषार कांति सक्सेना जी व छोटे भाई पीयूष कांति सक्सेना जी की भी आभारी हूँ जिन्होंने रचनाओं पर अपना बहुमूल्य वचन देकर अनुगृहित किया है। इस साहित्यक यात्रा में परोक्ष,अपरोक्ष रूप से शामिल मेरे मित्र सहयोगी परिवार के सदस्यों विशेषकर मेरे पति मनीष सहाय जी की भी आभारी हूँ जिनका सहयोग मेरे लिये बहुमूल्य व प्रेरक रहा है।

- मनीषा सहाय "सुमन"

अनुक्रम

शुचिता संग्रह

भाव-प्रवाह

मन के उद्गार

प्रेरक उद्गार

❖

शुचिता संग्रह

1. गणपति अराधना

सर्व प्रथम पूजित वंदन आपका,
आदि महादेव पुत्र वंदन आपका।

लंबोदर गजानन रूप बालसखा,
निर्विघ्नं कार्य हो ,सदा पूजन आपका।

संपूर्ण जगत में भाव भक्ति भर दें,
उत्सव, विवाह आदि सफल कर दें।

शत -शत नमन प्रथम वंदन आपका,
विघ्नहर्ता,सिद्धिविनायक दया कर दें।

श्री गणेश, गणनायक सौभाग्य भर दें,
द्विज गणेश स्वास्थ्य, सुख शांति वर दें।

श्री हेरंब गणेश संपत्ति,सांत्वना वर दें,
अर्ध पद्मासन देव कामना पूर्ण कर दें।

बल , बुद्धि परिचायक रूप आपका,
मां लक्ष्मी संग सफल पूजन आपका।

विभिन्न स्वरूपों में चित्रण आपका,
सदा रहे दया और आशीर्वचन आपका।

2. जय माँ गंगे

नमामि गंगे,
शिवजटा निवासिनी गंगे,
श्री विष्णुपदी कहलाती गंगे,
जीवनदात्री , हे माँ गंगे,
देवी गंगे , नमामि गंगे।

कीललं,अमृतं तंरगित सरिता,
खेत खलिहान करती उर्वरिता,
युगों - युगों से हो रही प्रवाहिता,
जीवन जय सदा वंदिता,
हे माँ गंगे,नमामि गंगे।

स्वच्छ,शुचिता पुण्यदायिनी,
भागीरथ मनोरथ,यशस्विनी गंगे,
व्योमविहारिणी,धरानिवासिनी ,
संस्कृति की कृतिवाहिनी माँ गंगे,
देवी गंगे , नमामि गंगे।

भीष्म जननी तुम अमृततुल्या,
विद्यापति ,तुलसी की अराध्या,
वेद ,पुराण,उपनिषदों मे व्याखिता,
जीवनदायिनी जय माँ गंगे,
देवी गंगे,नमामि गंगे

३. चित्रगुप्त भगवान

वेदों की ऋचाएं ,हर शब्द तुम्हारा रूप,
मन के चिंतन,विचारों का चित्र स्वरूप,

युगों युगों से दिशा देती लेखनी संसार को,
चित्रगुप्त भगवान साक्षात कर्म के प्रारूप।

कुशाग्र बुद्धि देव,कायस्थ कुल अवतंश,
यमराज के सहयोगी ब्रह्माजी के अंश,

हस्त विराजे पुस्तक ,कलम दवात संग
कर्मों के आधार पर देते न्यायोचित दंश।

कुल, जाति, गोत्र से सदा ऊपर कर्म ,
कर्म ही है पुनर्जन्म या मोक्ष का मर्म,

संसार से मिटे कलेश,भेदभाव अनंत,
ज्ञान,शिक्षा,बुद्धिमत्ता बढ़े सदा ही धर्म।

4. नवदुर्गा

नौ रूपों में शक्ति की पूजा,
जगत - जननी पालक स्वरूपा।
भक्ति का देती अभय वरदान,
मां शरण आए बालक नादान।
प्रथम दुर्गा शैलपुत्री माता,
पूजे जग भय ,दु:ख की त्राता।
दूसरा रूप ब्रह्मचारिणी माता।
तप ,त्याग, संयम की दाता,
तीसरी शक्ति चंद्रघण्टा माता,
स्वरूप शांति ,सुख की अधिष्ठाता।
चौथा स्वरूप कुष्मांडा माता,
संपूर्ण ब्रह्मांड की ये निर्माता।
पांचवे रूप में माँ जग प्राणदाता,
भक्तों को जीवन दें स्कन्दमाता ।
षष्ठी रूप दुर्गा का कात्यायनी माता,
कात्यायन ऋषी की ये आत्मजा।
सप्तम रूप काली कालरात्री माता
राक्षसों, दुष्टें को काल प्रदाता।
अष्टम रूप में महागौरी माता,
सुख , सौभाग्य, ऐश्वर्य की दाता।
सिद्धिदात्री कहलाती नवीं माता
सिद्धियों , निधियों की ये ज्ञाता।
नवदुर्गा रूप में संसार ध्याता
हर रूप माँ का जग को भाता।
विनती करते हम सब हे माता ,
कृपा करो हम पर हे जगन्माता।

5. भक्ति ही शक्ति

जहाँ शिव है ,वहीं साकार हुई शक्ति है,
दोनों के मूल में समायी हमारी भक्ति है।

आद्या शक्ति जगन्नमयी सृष्टि की पालक है,
चंडी रूप में ब्रह्मांड संतुलन का कारक है।

शक्ति साकार रूप अर्धनारीश्वर आकार है,
नारीत्व सृजन से जीवन का संचार है।

मां जगत हित रक्षार्थ आती भूतल पर ,
भक्ति की शक्ति से पावन आज आंचल है ।

भक्ति की महिमा ने सब संभव किया है,
अहिल्या ,प्रह्लाद को अमरत्व दिया है।

कल्पना नही भक्ति ही आस्था विश्वास है,
त्रिगुणात्मक तत्व ही जीवन उल्लास है।

६. तुलसी विवाह

दीप जलाएं जगमग शुभ मुहूर्त आरंभ ,
तुलसी विवाह के साथ शुभ लग्न प्रारंभ।

देव उठान या प्रबोधिनी एकादशी व्रत ,
चिर निद्रा से जागो देव ,उठाने का प्रयत्न।

जग पालक विष्णु और महालक्ष्मी पूजन ,
तुलसी संग शालिग्राम विवाह का आयोजन।

कार्तिक मास शुक्ल पक्ष का पावन त्यौहार,
जागो देव ,जागो देव कृपा करो अपार।

जग में बढ़ा पाप फैला रहा अनाचार ,
प्रकट भयो जगदीश्वर लेकर नवअवतार।

7. पावन दिवस

पावन दिवस आया जयकारा हम गाएं,
हर्षित दिवस आज मंगल गीत सुनाएं।

दीप जलाएं खुशियों के आया शुभ प्रभात,
आलोकित हो जग सारा करे ऐसा काज।

शक्ति की पूजा करें, मिटा हृदय अहंकार,
भक्त का भगवान से होता अंत: एकाकार।

जग से विपदा मिटे, महामारी का हो नाश
आज दिवस पूजा पर मां से करे ये आस।

माना शत्रु बड़ा भयंकर और इसका प्रहार,
पावन दिवस पर माँ करे इस शत्रु का संहार।

जग फिर हर्षित हो,भय,दु:ख का हो नाश,
पावन पर्व दुर्गा पूजा फैलाए जगत प्रकाश।

८. दीपावली

पंचायतन पर्व दीपावली त्योहार,
ज्योतिपर्व मिटाए जग से अंधकार,
आकाशमंडल कर रहे वेदोच्चार,
युग - युगांतर तक अमरत्व पाए संसार।
(मृत्योर्मामृतं गमय)

अमावस्या की अँधेरी काली रात,
चहुँओर व्याप्त है घोर अंधकार,
ध्वांत,तमस का करें प्रतिकार,
प्रकाश के विजयपर्व की आई रात।
(तमसो मा ज्योतिर्गमय)

गहराया तिमिर फैला जग में अनाचार,
बुद्धि ,विवेक, मानवता बनी लाचार,
छल, प्रपंच हठधर्मिता का फैला व्यापार,
घनघोर ध्वांत में मनु की सत्य पुकार।
(ॐ असतो मा सद्गमय)

९. संक्रांति पर्व

भारतीय सांस्कृतिक समरसता का पर्व,
संक्रांति,टुसु,बिहू,पोगल,लोहड़ी सर्व।

प्रकृति परिवर्तन का नियम निर्विकल्प,
नव सृजन, नव चेतना हो नव संकल्प ।

रात के बाद दिन व दिन के बाद रात ,
मौसम बदलते रहते सदा अपना क्रम।

चलता रहता अनवरत ऋतुओं का ये चक्र
सृष्टि देती जीवन,धरा को बन नव सृजक।

ग्रह, नक्षत्र, तारे भी पथ बदलते पल-पल,
चंदा भी शनै: शनै: घटता-बढ़ता हरपल।

नव,पुरातन,चिर,अचिर,आत्म अवलोकन,
लें निर्णय हम सब करके गहन मूल्यांकन।

सृष्टि के आरंभ से ही परिवर्तन सर्वविदित,
चड़, चेतन,स्थायी,अस्थायी देता आमंत्रण।

युग बदले बदले नही पर यह धरा गगन,
परिवर्तन सिखाता परिक्रमा, परिभ्रमण।

ऋतुएं, समय, नक्षत्र सदा बदलते क्रम,
इनसे ही चलायमान धरा पर जीवन नर्त

10. रथ यात्रा

लौट आए घर गिरधारी ,
घूम आए मौसी बाड़ी,
घड़ा घंट और शंख बाजे,
रथ खींचें नर और नारी,
लौट आए घर गिरधारी,
घूम आए मौसी बाड़ी।

हर्ष-उल्लास चहुँ ओर छाया,
उमड़ पड़े दर्शन अभिलाषी,
मेला ,उत्सव सजा अति भारी,
लौट आए घर गिरधारी,
घूम आए मौसी बाड़ी।

अदभुत छवि रथ पर सोहे,
संग बलराम, सुभद्रा मोहे,
रथ खींच रहे बड़े अधिकारी,
लौट आए घर गिरधारी,
घूम आए मौसी बाड़ी।

छब्बीस पहिये पिताम्बरधारी,
नंदिघोष रथ की करें सवारी,
आगे बलभद्र ,पीछे मुरारी,
साथ में बहन सुभद्रा प्यारी,
लौट आए घर गिरधारी,
घूम आए मौसी बाड़ी।

छप्पन विधि भोग बनाएं,
छोड़ खिचड़ी मुख लटपटाये,
कामाबाई को दर्शन दिखाए,
कुटिया को दिए स्वर्ग बनाए,

लौट आए घर गिरधारी,
घूम आए मौसी बाड़ी।

अद्भुत रूप धर रहे मुरारी,
देख -देख हर्षित नगरवासी,
सत्य है न कोई कहानी,
विपदाग्रस्त होता जब भक्त ,
आते स्वयं हैं अंतर्यामी।

11. नवरात्रि पूजन

मां के नवराते आए,
हम मिलकर महिमा गाएं,
सज रहा दरबार मैया का,
चलो चलकर दर्शन पाएं ,
मां के नवराते आए।

हवन पूजा कर माता को ,
आरती गाकर रिझाएं ,
कलश आवाहन करके ,
फल आहार खाएं ,
मां के नवराते आए।

मां देख- देख हर्षाए,
हम पर आशीष लुटाए,
चढ़ा नारियल और चुनरी,
कंजक भोग लगाएं,
मां के नवराते आए।

अद्भुत रूप श्रृंगार सजाया,
देख छवि हिया मुस्काया ,
मोहनी रूप माता का ,
देख -देख बलि- बलि जाएं
मां के नवराते आए।

नौ रूपों में शक्ति की पूजा,
जगत जननी पालक रूपा,
गरबा गीतों को हम गाएं,
श्रद्धा से हम शीश झुकाएं
मां के नवराते आए,
चलो चलकर दर्शन पाएं।

12. राम बाल वर्णन

रुनझुन - रुनझुन घुंघरु की धुन
मंद - मंद चले रघुराई।
कभी हँसत तो कभी गिरत रहे,
देख- देख हृदय निहुराई।
शीतल सुरभित बहे पवन
घुंघराले केश मुख लहराई।
गले मोतियन माल,पग पैंजनिया
हर्षित दो अँखियाँ कजराई।
मुखड़ा चमके देखो चम चम
लेवे बलईया बढ़ के महराई।
स्नान कराए,चंदन खीर नहाई
वस्त्र पिताम्बरी बहुत सुहाई।
माँ पलना झुलाए,लोरी सुनाए
अधखुली अँखियां अलसाई।
सोया मेरा लला जान कौशल्या,
प्रसाद बनाया, मन में हर्षायी।
भोग दिया जो लौटी तो देखी
रसोई में बैठे खाए रहे रघुराई।
आकुल -व्याकुल मात हृदय था,
जान न पाई प्रभु की चतुराई।
दिव्य रूप दिखा कर प्रभु ने,
मातृ हृदय दिया उजराई।
करे विनती कौशल्या लला से,
बाल रूप में ही तू ठहराई।
दशरथ हर्ष रहे देख पुत्र स्नेह,
समझ न पाएं कुछ गहराई।

13. तीन ऋण

पाप पुण्य करता प्राणी,
धर्म - अधर्म जाने ज्ञानी,
शास्त्र पुराणों ने सिखाया,
मनुज न बन तू अभिमानी।

तीन ऋण धर्म अनुसार,
लेते जीवन का तो संज्ञान,
इससे उऋण हो जग में,
मोक्ष पाता यह मानव प्राण।

देव ऋण महाऋण कहाए,
जग कल्याण कर मानव इसे चुकाए।

दूसरा ऋण ऋषि , गुरु का,
ब्रह्मचर्य जीवन जीते सादगी का,
संत्संग करना, देना सम्मान
गुरूवर जग में साक्षात भगवान।

तीसरा स्वऋण , पितृ ऋण
मात -पिता कुल का यह कर्ज
सदकर्म करें , निभाओ अपना फर्ज।

14. जय हिन्दी

हिन्दी राष्ट्र की भाषा,जन मन की अभिलाषा है,
कई भाषाओं की जननी,हर्षित जय गाथा है।

सर्व व्यापक,सरलता,सहज सम्मान पाया है,
राष्ट्रभाषा से एकता का राष्ट्र भाव गहराया है।

हिंदी का मान- सम्मान,अब जय गान होने दो,
ग्रंथों में रखा संजो कर,जन-जन का हो लेने दो।

निज भाषा,निज बोली पर मन गर्वित हर्षाया है,
कविता,कहानी लेखन का अच्छा समय आया है।

हर हाथ लेखनी सजी रहे,प्रसार,प्रचार होने दो,
तोड़ी सीमाएँ हिन्दी ने, जय जयकार होने दो।

संगणक युग आया ,बदल गई परिभाषाएं हैं,
नित नव सृजन और नई विचारधराएं हैं।

मत रोको अब हिंदी को ,जी भर तो जी लेने दो ,
ग्रंथों में रखा संजो कर,जन-जन का हो लेने दो।

15. नारी तुम श्रद्धेय

नारी तुम श्रद्धेय, तुम सृष्टि की अनुपम कृति,
तुम धरा सी रचनाकर, रचती हो एक सृष्टि ।

तुम पालनकर्त्ता, तुम जीवन की रसधार हो,
तुम सरिता स्वर-प्रकम्पित,सिन्धु का उच्छवास हो।

तुम कामायनी की दिव्य साधना मनु की श्रद्धा,
तुम ही रचनाकारों की शकुन्तला,आराध्य हो।

प्रेयसी बन तुम अलंकृत करती पौरूष भाल हो,
सुता रूप में पिता प्रेम व निश्चल दुलार हो।

निशा की गहराई , तुम सुबह की प्रथम किरण हो ,
दुर्गा रूप गर्जना, लक्ष्मी रूप ऐश्वर्य वरदान हो।

माँ की ममता निश्चल,हर बुराई का प्रतिकार हो,
तुम ही देती इस जग को अमर अभय संस्कार हो।

इस अंधकारमय जग में उर्जा का नव संचार हो,
त्याग,तपरया की मूरत,कई गुणों की खान हो।

16. सरहुल पर्व

सरहुल शाल वृक्ष पूजा का त्योहार,
प्रकृति पूजा का पर्व प्रेम हर्ष अपार है।

वृक्षों नें ओढ़ी साख पुष्पों की चूनर,
प्रकृति सज रही करके अद्भुत श्रृंगार है।

वनवासी पूजन महोत्सव का त्योहार,
प्रकृति की सेवा करने का संस्कार है।

नई फसल, पेड़,पत्ते, फूल और फल,
ग्रामीण जीवन और पर्व का आधार है।

सरना पूजन स्थल पर संग्रहित होकर,
देवताओं को करना प्रसन्न सपरिवार है।

सामूहिक पूजा की पारंपरिक परंपरा,
नृत्य, गायन , उत्सव में झूमे ये संसार है।

समृद्ध परंपरा का सरना धर्म महान,
झारखंड की भूमी बिरसा भगवान है ।

जल , जड़, जंगल, जीव और जीवन,
वनवासियों को देना सदैव सम्मान है।

भाव प्रवाह

17. आओ निर्माण करें

हम जग के नव अभियंता,आओ निर्माण करें,
बाधाओं से टकराकर नीरवता का त्याग करें
पाषाण बन कर अड़कर , दूर हर अवसाद करें
जीवन पथ संघर्षों का, आओं नव संधान करें।
हम जग के नव अभियंता.....

राह सत्य की सदा चलें,जग को उजास करें
न हारे हैं, न हारेंगे ,स्वत: स्फूर्त संचार करें
क्रांति के अग्रदूत बन संसार का उत्थान करें
विपदाओं से न डरे,आओ नव अभियान करें।
हम जग के नव अभियंता....

मुखरित अंत:करण कर,हर संघर्ष स्वीकार करें
त्याग,तपस्या,आदर्श विचारों का संचार करे
इच्छा शक्ति के बल पर, जग का कल्याण करें
जागे सभी का मनोबल,ऐसा नव आह्वान करें।
हम जग के नव अभियंता .....

उत्कृष्टता का परिचय देकर ,नवीन संधान करें
श्रम के साथ- साथ तकनीकी का मिलान करें
प्रगतिपथ सदा बढ़े , दुविधा का समाधान करें
आत्ममंथन कर नई राहों की पहचान करें
हम जग के नव अभियंता .....

श्रम से सब कुछ संभव है, सतत् प्रयास करें
संघर्षों से मत डरना ,हृदय में विश्वास धरें
जब लड़ने की ठान लिया, तो जयकार करें
स्वर्णिम उदय की बेला,चिंता का त्याग करें।
हम जग के नव अभियंता....

18. नव सृजन

कदम मिला कर चलता चल, जीवन जय जय जय होगा,
कीर्तिमानों को गढ़ता चल, जीवन जय- जय जय होगा।

आत्म विश्वास की अलख जगा कर,लक्ष्य प्राप्ती का प्रण उठा ले,
संकल्प शक्ति से हृदय सिंचित कर,जीवन सृजन संभव होगा।

निर्माण का प्रण ठान कर प्रगति पथ पर बढ़ता चल,
अंतस तेज के प्रकाश से तब प्रकाशित ये सारा जग होगा।

संघर्ष के इस जीवन में धैर्य,बुद्धि, संयम का परीक्षण होगा,
क्षण -क्षण रूप बदलती धरा पे परिवर्तन का समर्थन होगा।

चलायमान इस जग में प्रवाह ,वेग का अभिनंदन होगा,
अनलदग्ध निर्जर भू पर फिर जलधि का समर्पण होगा।

अपना पराया कौन यहाँ ,यह जग तो है रैन बसेरा ,
समग्र चेतना को हृदय जगाकर करना नव विश्लेषण होगा।

संबधों की कसौटी पर जीवन मुल्यों का संरक्षण होगा,
सृति झरोखों से झांक, करना अब अध्ययन होगा।

अनुनय-विनय ,नम्र -निवेदन करना समर्पण होगा ।
स्वहित,निजता को त्याग, करना जीवन अर्पण होगा।

आत्म मुल्यांकन से जीवन जय क्षय का चिंतन होगा,
प्रगति के नव आयामों का तब संभव नव वर्णन होगा।

19. नदी सा बनो

नदी सा बनकर बहते चलो,
हर मन निर्मल कर बहते चलो!

निरंतरता ही जिसकी पहचान है,
तरलता ही जिसका अभिमान है,
सरलता का वरदान बनकर बहे,
बंजर भू को उर्वर कर बहते चलो।
नदी सा बन कर बहते चलो.....

विघ्न बाधा से कंपित तार -तार,
जंगल पहाड़ों को देती पछाड़,
ऊँचाई से गिर दे भू को दुलार,
भूखंडों को हरित कर बहते चलो।
नदी सा बन कर बहते चलो.....

उबड़ -खाबड़ ,संकरा तल हो,
समा जाए जल जहाँ भी गर्त हो,
अंक में भर के जग की मलीनता,
हर मन गंगा जल कर बहते चलो।
नदी सा बनकर.....

वेग,आवेग ,संवेग प्रवाह हो,
झील,पोखर, तालाब नदी धार हो,
अस्तित्व के लिये तोड़े ये तो किनारा,
भगीरथ प्रयास साकार करते चलो।
नदी सा बनकर .....

जीवन चलायमान यह सिखाती,
सतत् बहते रहना यह भी बताती,
उद्दम से बहती कठिन राह जाए,
चुनौती को स्वीकार कर चलते चलो।
नदी सा बनकर...

20. वसंत छाया

मन मस्त मलंग सा मचलाया,
पेड़ों पर देखो बसंत छाया।

धरा ने धरा बासंती परिवेश ,
अलियों ने सुनाया प्रेम संदेश,
सुगंधित हो उठा वन, उपवन
हरित श्रृंगार से सजा कानन
सूर्य किरणों ने अंबर को सजाया।
मन मस्त मलंग सा मचलाया।

भंवरे भी देखो बौराने लगे
कलियां भी देखो मुस्काने लगीं,
फूलों की क्यारियाँ पे बहार आई,
मौसम के मिजाज ने ली अंगड़ाई
पुष्प लताओं ने नव यौवन पाया।
मन मस्त मलंग सा मचलाया।

आम्र मंजरियाँ झूम-झूम गाएं
कुहू कूक की मिठास मन को भाए,
सुरभित पुष्प गुच्छों से फैली सुवास,
अधरों की गागर से छलका मधुमास,
पवन झकोरों ने प्रेम राग गाया
पलाश फूलों ने जंगल को महकाया।
मन मस्त मलंग सा मचलाया।

तितलियों ने पहने रंगीले परिधान,
नभ मंडल में निकलीं भरने नव उड़ान,
हरित पेड़ों ने बदला जंगल का परिमाण,
कलकल झरनों का जल देता जीवन दान
मादक,मनमोहक प्रकृति छँटा ने हर्षाया,
गुलमोहर फूलों ने जंगल को सजाया।
मन. मस्त मलंग सा मचलाया।

21. जीवन तो ढल रहा है

अंतर्मन के कोने में एक
आस का दीपक जल रहा है,
प्रभु प्रेम की अलख जगा ले
पल -पल यह तो ढल रहा है।

मौन स्वरों को मुखरित करता ,
अधरों पर उंगली को धरता
कुछ पाने की चाह लिये
हर पल प्रतिपल चल रहा है।

व्याकुल -आकुल नयनों से रिसता,
दर्द दिलों से रहा छलकता ,
जीवन की इस आपा -धापी में
जाने क्या -क्या छल रहा है।

भीगीं पलकें और गीला आँचल,
अंतर पीयूष -स्रोत कोई बहता,
डर का साया गहरा करता,
आँखों से फिर छलक रहा है।

जीवन सांझ की पावन बेला,
सर्वस्व समर्पण का यह मेला,
धूप की चादर को फैला कर
शाम के जैसा सा ढल रहा है।

माया -मोह में रहा तू उलझा ,
कर्म धर्म की राह को तजता ,
छूटे जाने कब हाथ किसी का,
सोच-सोच मन डर रहा है।

शिखर -शिखर अंतरतम गहरा
गिरकर उठता ,उठकर चलता,
विश्वास मन में नव भरता,
आगे ही आगे बढ़ रहा है,
जीवन तो यह ढल रहा है।

22. मेरा घर

मेरा घर ख्वाबों का आशियाँ होगा,
बड़े से शहर में एक मकान होगा,
बड़ी सी छत पीछे आमों का बगान होगा,
खुला सा झरोखा हवाओं की दास्तां होगा,
मेरा घर ख्वाबों का आशियाँ होगा।

आगे आँगन, पीछे बगान होगा,
फूलों की खुशबू भंवरों का गान होगा,
कोयल की कूक से गूँजता आसमान होगा,
मेरा घर ख्वाबों का आशियाँ होगा।

मोहल्ले की औरतों का किस्सा बयान होगा,
पापड़ और बड़ियाँ सुखाना आसान होगा,
शाम में टहलना सुबह राम - राम होगा,
मेरा घर ख्वाबों का आशियाँ होगा।

छुपा- छुपी का खेल आंगन का काम होगा,
दादी की पूजा, तुलसी का मान होगा,
तारों की छाँव, सपनों का जहान होगा,
मेरा घर ख्वाबों का आशियाँ होगा।

क्या शहर में मुमकिन यह काम होगा,
आज शहर में बड़ा यह सवाल होगा,
दिल के अंदर कसक का जहान होगा,
मेरा घर ख्वाबों का आशियाँ होगा।

23. हिंदुस्तान की मिट्टी

हिंदुस्तान की मिट्टी ने रंग बहुत सोखे हैं ,
यही वह देश है, जिसने धर्म कई बोए हैं।

यहीं पैदा हुए श्री राम ,खेली यहीं सीता ,
सुनाकर ज्ञान गीता के हुए कृष्ण युग वेत्ता।

यही पावन धरा ,जिसने बुद्ध को सींचा,
दया,धर्म सद्भाव के नये चित्र को खींचा।

दिया महावीर को ज्ञान,अमर है देश का नाम,
गुरूनानक की वाणी ने बनाया देश को धाम।

हमारे देश की माटी , बलिदानों की थाती है,
निभाते मर के भी ,देश से प्रीत ये साची हैं।

कबीर के दोहो नें जीवन सार बताया है,
तुलसी दास ने राम को भगवान बनाया है।

इस देश की नारी की गाथाएं अतिप्यारी,
उठाती तलवारें जब विपद आती अतिभारी।

24. मैं तिरंगा

मैं तिरंगा बोल रहा हूँ,
रस वीरता दिलों में घोल रहा हूँ ....
मैं तिरंगा बोल रहा हूँ।

आजादी का सूरज चमका,
गणतंत्र ने संबल पाया,
जन नायक के संघर्षों के,
भावों को हिलोल रहा हूँ,
मैं तिरंगा बोल रहा हूँ।

मिल जुल रहे मेरे देश के वासी,
रंग रूप कई भाषा भाषी,
सर्वधर्म संभाव के रंगों को,
हृदय में उड़ेल रहा हूं,
मैं तिरंगा बोल रहा हूं।

तीन रंग बनी पहचान मेरी,
यही आन,बान और शान मेरी,
जन -गण -मन के जयकारों से,
जग सारा ये डोल रहा है,
मैं तिरंगा बोल रहा हूँ।

वेद पुराणों की थाती ,
मेरे देश की संस्कृति न्यारी है,
प्रेम त्याग से सिंचित वसुधा पे,
गर्वित मन ये किल्लोल रहा हूँ,
मैं तिरंगा बोल रहा हूँ।

मैं रोया बार- बार,
लिपट शहीदों से हर बार,

उनके बलिदानों को नमन कर,
जन -गण -मन को फिर तौल रहा हूँ,
मैं तिरंगा बोल रहा हूँ।

मैं देश की ताकत हूँ,
हर देशवासी का बल हूँ
मेरे रंगों में समाए कई धर्म,
मैं करता हर धर्म का आदर हूँ,
विविधता भरा मेरा ये भूगोल रहा है
मैं तिरंगा बोल रहा हूँ।

25. होली के रंग

होली के रंग खेलूँ पिया जी के संग,
ढोलक की थाप संग बाजे मृदंग,
जीवन में लाए ये नव तरंग,
मनवा भी नाचे बनके मलंग।
होली के रंग ....

मुखमंडल पे छाए नई उमंग,
भाव भंगिमाओं ने बदले सब ढंग,
हवाएं भी मचले बनके पतंग,
पुलकित मोरा आज अंग-अंग।
होली के रंग....

तरूणाई ने ली मन में अगड़ाई,
बहके कदम और मस्ती है छाई,
फगुआ बहार बहकाये रे कदम,
मौसम बिखेरे बासंती रंग।
होली के रंग....

टेसू की लह -लह,मंजर की मह -मह,
महुआ पलाश बिखराए रे सुगंध,
हर्ष-उल्लास पिया जी का संग
मन में हुलेड़ उठाए प्रेम तरंग।
होली के रंग....

कविता की धार बहे भावों के गुलाल,
अपनों का प्रेम रहे जन्मों का संग,
मनवा भी झूमे,तनवा भी डोले,
किसने घोली ये मौसम में भंग।

होली के रंग खेलूँ पिया जी के संग

26. नशा

धुआँ - धुआँ फैलता गुबार है,
नशा बना अब तो इक व्यापार है।
जिंदगी कर रही कई सवाल है,
नशे ने बनाया इसे अपना शिकार हैः

कश पे कश जो खींच रहे हो,
तुम क्यों खुदकुशी को जी रहे हो।
नशा तुम्हें वक्त बेवक्त पी रहा है,
नशे को जो बेवजह ही तुम पी रहे हो।

शहर ,गांव या नुक्कड़ चौपाल हो ,
गिरफ्त में इंसान की फँसी जान है।
नशे पे लगाते आज ये इल्ज़ाम हो
गम भुलाने का कर रहे हो इंतजाम हो।

ये कैसा प्यार ,ये कैसा तुम्हारा व्यवहार है,
जिसकी वजह घर बार हो रहा तमाम है।
सूट -बूट पर कश लगता शानदार है ,
पश्चिमी सभ्यता तो आज असरदार है।

अंधानुकरण ने फैलाया यह जाल है,
नशाबंदी कानून अब लगता लाचार है।

27. ज़माना चिट्ठियों का

वो डाकिये का आज फिर आना,
जमाना चिट्ठियों का याद आना।

धुंधली तस्वीरों का फिर मुस्कुराना,
जिंदगी की उलझनों को सुलझाना,
ख्वाहिशों के आसमाँ में उड़ते हुए,
गुजरते वक्त में मेरा यूँ ठहर जाना।

भूली पड़ी यादों के तहखाने की,
उम्मीद की चाभी का मिल जाना,
हाँ ! खुद से ही खुद बातें करके ज़रा,
मेरा   दिल को अक्सर बहलाना।

वो अलहड़पन, मस्ती का जमाना,
वो बेपरवाही, बचपन का फ़साना,
वो शमा वो वक्त का मंजर पुराना,
देखकर खुद ही खुद को मेरा शर्माना।

वो कपड़े सुखाने का लेकर बहाना,
मेरा छत पर वो बार - बार जाना,
नज़रो को छिपा, वो नजरें मिलाना,
इशारों से ही हाले दिल बतियाना।

समय ने आज फिर बदली करवट,
गुजरते वक्त का फिर वही आजमाना,
याद करके आज फिर भूली यादों को,
पेशानी पर सिलवटों का उभर आना।

वो डाकिये का आज फिर आना,
जमाना चिट्ठियों का याद आना।

28. सृजन

तमस को हरता स्वर्णिम उदय हो रहा है,
रौशनी प्रदीप्त हुई , नव सृजन हो रहा है,
उल्कंठ अभिलाषा ,जीवन की परिभाषा,
नित नवोदित अब हर उपकरण हो रहा है।

सुषुप्त अवस्था का था वह प्रथम चरण,
आकार विहीन था उसका हर संचरण,
नित नया कर रहा सतत् यह परिवर्तन,
स्वयं से मिलकर स्वंय ही सृजन हो रहा है।

परिवर्तनमय ब्रह्मांड का दिव्य दर्शन,
जीवन - मरण बनता यहाँ नित आकर्षण,
समझ न पाया मन करना चाहे उल्लंघन,
शनै:-शनै: चेतना का अंकुरण हो रहा है।

खंड - खंड होकर सूक्ष्मतम मनमय मिलन,
अणिमा,महिमा,गरिमा, लघिमा, सम्मोहन,
ईशत्व ,प्रकाम्य,प्राप्ति,मन मस्तिष्क प्रदर्शन,
अष्टसिद्धियों का साकार वर्णन हो रहा है।

गति जीवन का नियम आबाध,
रूकना न चलता जा बस तू निर्बाध,
लक्ष्य न हो अब आँखो से ओझल
नव जीवन का तो अनावरण हो रहा है।

29. जीवन पिरामिड

पत्थरों का पिरामिड,
आधार और संतुलन का,
अदभुत सामंजस्य बिठाता
जैसे यह अनुभव जीवन का।

अनुपम सृजन निर्माण का
लय, ताल ,गति का,
जीवन तादात्म्य स्थापित कर
सजता रहता पिरामिड।

छोटी-बड़ी शिलाएं ,
टेढ़ी-मेढ़ी अट्टालिका सी ,
जिद पर अड़ी ये सलीके से
जीने की अदभुत जिजीविषा लिये।

एकाग्रता से,चिंतन से
मनन से ,जतन से सजाती स्वयं ही,
अभिलाषाओं से भरपूर
इस जीवन के पिरामिड को।

अँधेरों से लड़ती रहती,
बंद हथेलियों में छुपाती रोशनी को,
बनना चाहे सूरज सी लाल
ज्वलंत, तेज,व्यग्र, स्फीत।

विशाल शैलखंडों सी अभिमानी,
चल,अचल,गर्वित स्वाभिमानी
वेग,आवेग से टकराकर
बढ़ती जाती सौम्य और शांत ।

ऊँचाई, गहराई ,समतल हो
नतोन्नत या फिर चतुर्दिक ही
प्रवाहमान होती कभी -कभी
तो कभी रूकती ठहराव लिये।

साहस,उत्साह,शान्त
तो दिखाती कभी रूप रौद्र ,
जो भी हो अनुकूल या प्रतिकूल
जीवन का है यह तो प्रारूप।

30. हौसलों की उड़ान

कदम से कदम मिला, आसमाँ को छूने चला,
हर कदम बढ़ी शान, हर कदम नई पहचान।

हौसलों की देखो उड़ान, मुठठी में भर लें जहान,
हिम्मत पर करते गुमान, जीवन को देते सम्मान।

पर्वत की ऊँची चोटियाँ, दुर्गम गहरी हो घाटियाँ,
स्वीकार तो हमको यहाँ , जीवन की हर चुनौतियाँ।

कदम कभी रूके नही,आगे बढ़े और बढ़े सही,
हौसला से हम चले, सुख - दु:ख की परवाह नहीं।

साहस मन में ठान,संघर्ष को करते स्वीकार,
साधना के स्वर साधते,स्वप्न सारे हो साकार।

नये संकल्प मन में ठान,स्व से स्वयं का करें निर्माण,
दृढ़ विश्वास के आगे, झुक जाता देखो यह जहान।

लिखने को मन आतुर आज, जीवन जय का नव राग
हृदय भरे जब हम विश्वास,पूरी होती तब ही आस।

निर्भय संकल्पित होकर ,पाए जग में नव आयाम,
सफलता की बन पहचान,बढ़ते जाएं हम निष्काम।

मन के उद्गार

31. सच्चाई

मानो या न मानो पर, सच को तो स्वीकारना,
झूठ के बादल से, सच के सूर्य को न ढांकना।

मानो ना मानो पर, मौसम तो बदलेगा,
विचारों के बदलाव को ,अंतर्मन से मानना।

दिन जब भी ढलेगा तो गहराएगा अंधकार,
नव प्रकाश के उद्धवास को तुम पहचानना।

रिश्ते नातों का कर्ज चुकाना तो जीवन है,
मगर दीन दुनिया में खुद को नही भुलाना।

आसमान को छूने को आतुर सभी रहते यहाँ
कदमों को मजबूती से जमीं पर पहले तुम टिकाना।

सफलताओं की सीढ़ियों को चढ़ते हुए,
अपनी बुनियादों को कभी नही तुम झुटलाना।

जिजीविषा की उल्कंठा को हृदय बसाकर,
मजबूत हाथों से उसको कसकर जरा थामना।

मानो ना मानो पर,इस देह का अंत निश्चित है,
वजूद, मुकाम, हासिल पर घमंड नही साधना।

32. स्वतंत्रता

चिंतन के क्षितिज को तुम विस्तार दो,
विचारों के वैभव को ज़रा फैलाव दो ,
तोड़ कर दासता,कुरीतियों का पिंजर,
शिक्षा की स्वर्ण रश्मियों को आकार दो।

परिस्थिति से जूझने की जीवट आशा,
दर्द,वेदना व्यथित करती यह निराशा,
उदात वृत्तियों को हृदय में जगाकर,
अंतः करण के पंछी को एक उड़ान दो।

जीवन तेरा हर उद्देश्य अब सफल हो,
हर आदर्श , हर दृष्टिकोण सफल हो,
दैहिक सुख प्रदर्शन और परतंत्रता से,
मस्तिष्क, मन, अवसाद से मुक्त हो।

समानता संकल्प कभी संकुचित न हो,
हर चक्रव्यूह को तोड़ने को तत्पर हो,
लगा कर मोह ,नेह, प्रेम पर एक अंकुष,
संघर्षरत जीवन में प्रयत्नशील सदा रहो।

अस्तित्व के लिये सजग आज की नारी,
वस्तु नहीं दिखावे या सज्जा की सहचारी,
बुद्धि ,क्षमता,चातुर्य की है वह अधिकारी,
हर कारागृह से अब स्वतंत्र हो,स्वतंत्र हो।

33. संकल्प

मेरे संकल्प से मुझे कोई हटा सकता नहीं,
डर से मुझे कोई अब तो डरा सकता नहीं,
यज्ञशाला की निर्भय जोत सा जल रह,
छल से जिसे कोई बुझा सकता नहीं।

इस समर में समर्पित स्वयं आहूत हूँ,
लाया समर का संदेश वही दूत हूँ।
त्रैलोक्य में प्रकाशित प्रकाश पुंज हूँ।
ब्रह्मांड में जो गूंजता उस ॐ की गूंज हूँ।

निर्भय हिमालय सा बना झेलता प्रहार हूँ,
तिमिर मिटाने को तत्पर तैयार हूँ,
चंद्र सा शीतल और सूर्य सा तेज अंगार हूँ,
शांत धरा सा और अम्बर सा विकराल हूँ।

देखता था जो एक अलौकिक स्वप्न है,
साकार है जो वह मेरा दृढ़ संकल्प है,
लक्ष्य दुर्गम- दूर भेदने को मन आतुर है,
मन में चला लेकर एक फितूर हूँ।

स्थूल से सूक्ष्म तक रच रहा जाल हूँ,
असंख्य अनगणित कर रहा विस्तार हूँ,
निरन्तरता मूल्यों ,आदर्शों का संस्कार हूँ,
सामर्थ्य से गढ़ता राष्ट्र का नया आकार हूँ।

34. गौरैया

शायद स्मृति में रह गई तुम शेष,
गाँवों में छुपी या बसी हो विदेश,
भावुक शब्दों में लिख रही संदेश,
लौट आओ न गौरैया फिर मेरे देश।

सूरज के उजास से चींचीं का गान,
कलरव से तेरे चहके खेत खलिहान,
रूठी गई हो क्यों तुम गौरैया आज,
चीं -चीं करती आ जाओ रौशनदान।

याद आए तुम्हारा आँगन फुदकना,
झुंड के झुंड वो मुंडेरों पर चहकना,
चावल, बाजरे के दानों को चुगना,
जरा सी आहट पा फुर्र से उड़ना।

पेड़ों का कटना,परिवेश बदलाव,
प्रकृति का दोहन,गैसों का प्रभाव,
शहरो में यांत्रिकीकरण विकास ,
गौरैया ने जैसे लिया अज्ञातवास।

बागों से विलुप्त झाड़ियों की छाँव,
गायब चीं-चीं गौरैया,कौओं की काँव,
मोबाइल टावरों से विकिरण प्रसार,
संकटग्रस्त आज गौरैया का संसार।

35. शहर

इस शहर का अजब हाल है ,
बाहर से रौशन अंदर पड़ा वीरान है ।

हर शख्स के होठों पर कुछ सवाल है ,
ऊपर से सभी खुश,अंतर्मन बेहाल है ।

अजीब मंजर नुमाइश का है,
पूरा शहर चकाचौंध सा बाज़ार है ।

इंसा - इंसा को दौलत से तौलतें हैं ,
कुछ तो पैसों से खरीदते और बेचते हैं ।

बिकने को यहाँ हर शख्स तैयार है ,
हर कोई खोजता अपना खरीदार है ।

झूठ के बाजार में सच तार-तार है ,
जिंदगी के बाज़ार में इश्क बेजा़र है ।

अपनी ज़मीं अपना अर्श ढूंढता इंसान है ,
घर शब्द के जाल में हुआ कर्जदार है ।

फाख्ता खाक शहर के कफ़स में बंद है ,
जोड़ता उम्र आज साठ, सतर बरस है ।

36. गलतफ़हमी

गलतफ़हमी में रहा बेचारा,
जीवन तो क्षणभंगुर सारा ,

ख्वाबों को तू यहाँ सँजोए,
नित नए जाल तू ढोए

सभी ने जब किया किनारा ,
समय भी न फिर हुआ हमारा,

गलतफहमी में रहा बेचारा,
जीवन तो क्षणभंगुर सारा,

छल से, तम से ,अहंकार से
गलतफ़हमी के भाव से,

ढूंढे से न मिले किनारा,
फिरता हूँ अब मारा-मारा,

गललफहमी में रहा बेचारा,
जीवन तो क्षणभंगुर सारा,

काम ,क्रोध और अज्ञान में,
उलझा है क्यों मकड़जाल में,

जीवन एक अवसर है प्यारा,
बीते जो न मिले दुबारा,

गलतफ़हमी में रहा बेचारा,
जीवन तो क्षणभंगुर सारा।

37. फेसबुक

फेसबुक का अदभुत संसार है,
इस युग में ये नारद मुनि समान है,

ध्वनि, चित्र और जीवंत प्रसारण ,
सामाजिक जीवन का पतन व उत्थान है।
फेसबुक का विस्तृत विस्तार है,
इस युग में यह नारद मुनि समान है।

जोड़े जन-जन को वृहत ज्ञान है ,
सात समुद्र पार भी जाना आसान है ।
फेसबुक का अद्भुत संसार है ,
इस युग में यह नारद मुनि समान है।

ज्ञान ,मित्रता ,अनुसरण पहचान है,
संगणकों का फैला विश्वव्यापी जाल है ।
फेसबुक का विस्तृत संसार है,
इस युग में यह नारद मुनि समान है।

जब इच्छा चाहे प्रकट हो जाओ ,
जब न चाहो बंद करो सब संचार है ।
फेसबुक का अद्भुत संसार है,
इस युग में यह नारद मुनि समान है।

चर्चा ,गीत ,कविता ,कहानी, खेलों,
न जाने किन किन विधाओं का ज्ञान है।
फेसबुक का अद्भुत संसार है,
इस युग में यह नारद मुनि समान है।

परिचित,अपरिचितों का अंतहीन जोड़,
समूह बना कर करते अपना प्रचार है।

फेसबुक का अद्भुत संसार है,
इस युग में यह नारद मुनि समान है।

फेसबुक आज परिचय -पत्र समान,
देता जीवन बड़ा सकारात्मक प्रभाव है।
फेसबुक का अद्भुत संसार है,
इस युग में यह नारद मुनि समान है।

38. चाक/चक्की

प्राचीन युग का यांत्रिक आविष्कार,
पत्थरों से मशीन का निर्माण,
सुलभ ,आसान और टिकाउ,
मानव का प्रकृतिक अनुसंधान है।

चक्के के आविष्कार से,
चाक के निर्माण तक,
चलायमान इस जीव जगत को,
चक्की ने ही चलाया है।

आदिम युग से पत्थर युग तक,
आग के आविष्कार से लेकर,
लौह युग तक,पत्थरों की
उपयोगिता को बताया है।

सभ्यताओं की साक्षी,
इस चक्की /चाक/चक्के ने
देखा आँखों से युगों को बदलते !
आज भी अस्तित्व इनका बरकरार है।

कबीर ,रहीम ने बखाना,
दो पाटों के बीच कभी न आना,
चले जब भी तो पीस खाए,
उपयोगिता ,आवश्यकता को दर्शाए।

३९. अँधियारा मिटाओ

अज्ञानता को मिटाकर ज्ञान की ज्योति जलाओ,
संकल्प शक्ति से आस्था की अमृतधारा बहाओ।

अंधकार पर प्रकाश का यह विजयोत्सव पर्व ,
भूलकर भेदभाव , ज्ञान का उजियारा फैलाओ।

गरीबी,अत्याचार,दंभ के तिमिर को मिटाकर,
विश्वास, अहिंसा, सत्य का जयकारा लगाओ।

विश्व में शांति सद्भाव का फैले सदा उजियारा,
दीप माटी के जलाकर आज अंधियारा मिटाओ।

असत्य पर सत्य की जीत का यह हर्ष पर्व,
भाईचारे के संदेश से ये जग प्यारा बनाओ।

अनाचार,अनीति के विरूध बल,संबल जोड़ो,
दुर्भावनाओं का नाश कर देश ये न्यारा बनाओ।

प्रकृति पर्यावरण सुरक्षा हित सर्वोपरि रखकर,
आनंद, उल्लास से सुंदर संसार ये सारा बनाओ।

40. गुलाबी ठंड

ठंड की नई- नई शुरूआत है,
जैसे पहले -पहले प्यार की बरसात है।

गुलाबी ठंड मन का भाने लगी है,
गर्म स्वेटर की गरमाहट आने लगी है।

सुनहरी धूप हृदय गुनगुनाने लगी है,
प्रेम गीत सी हृदय को सुहाने लगी है।

बैठ छत के मुंडेरे पर खुली जुल्फें,
झलकियां मन प्रेम अगन बढ़ाने लगीं हैं।

पुराने संदूक को खोल छत पे अम्मा
गरम कपड़ों में फिर धूप लगाने लगी है।

रंग-बिरंगे झोले हाथों में डाले ताई
तरह - तरह स्वेटर रंगीन बनाने लगी है।

भीनी -भीनी खुशबू रसोई से उड़े,
दादी माँ गाजर का हलवा पकाने लगी है।

चटखारे लेकर ताऊ और बाबा स्वाद से
सरसो साग संग मक्के की रोटी खाने लगे हैं।

इससे पहले शीत लहर हमको कँपकँपाए,
गुलाबी ठंड के मजे हम उड़ाने लगे हैं।

41. कठपुतली

कठपुतली का खेल रचे,
बैठा ऊपर आकाश में ,

ईश्वर ने ही तो रचा संसार ,
जीव जगत नश्वर संसार में,

एक डोर से बंधी जिंदगी,
चले इशारों पे आज है,

जीवन खेल रचा रहा है,
बजा रंगमंच का साज है,

हाथ की यह कलात्मकता ,
कठपुतली खेल दिखाती है

सुख-दुःख से परे होकर,
सुखद अंत दर्शाती है,

रंगमंच सा यह जीवन है,
आने-जाने का मचता शोर है ,

जाने कब ऊपर वाला,
कैसे खींचे किसकी डोर है।

42. अधूरे हम

मृत्यु को अब जीना चाहती,
ये भी हलाहल पीना चाहती,
तृप्त - तृप्त हूं पर असंतृप्त हूँ,
भरी -भरी पर पूरी खाली हूं।

जीवन की तो यह रीत निराली,
दो कूलों के बीच बहे मतवाली,
दुःखड़े जब - जब हर ले जाती,
पल- भर को खुशियाँ दे कर जाती।

कैसे,कहाँ ,कोई, कब हाथ बढाए,
बढ़ कर हमको यह तो समझाए,
कभी कोई अपना काँधा दे जाए,
सर रखकर हम भी गम भुलाएं।

गरल सी बन गई ये पीर जिंदगी,
न खुदा बचा न बची कोई बंदगी,
पकड़ हाथ अब तो पार लगाए,
या कोई ऊपरवाला ही हाथ बढाए।

कहाँ खो गये जो कहते थे अपने,
दिखते अब क्यों जहरीले सपने,
आवरण झूठ का जो हटा दिया
सच की ओर कदम बढ़ा लिया।

मापदंड,धारणाओं की दुनिया झूठी,
रीति झूठी, समाज, संस्कृति झूठी,
पग-पग लगते यहाँ अनाचार के मेले,
चुप- चुप कैसे अत्याचारों को झेलें।

43. खुशियों का सैंटा

सर पर रखें खुशहाली का ताज,
भले ही बदहाल इनके हों हालात,
चुनते रहते खुशियाँ जो कचरों से
ऐसा बचपन देखा मैंने यहाँ आज।

नही बढ़ाता कोई मददवाला हाथ,
न कोई सैंटा, न आएगा कोई भगवान,
झूठ सब कहते हैं मालिक रहम कर ,
गरीबी, लाचारी बन गई अभिशाप।

बड़े- बड़े शहर सज-धज के तैयार,
क्रिसमस, नववर्ष बना एक व्यापार,
तोहफा लाएगा खुशियों का सैंटा ,
काश! जादू छड़ी से फैला दे प्यार।

क्यों परिस्थतियाँ करती कटु संवाद,
क्यों इंसानियत, ईमानदारी लगे बेकार,
धनाढ्यों का उत्सव होता बार- बार,
क्यों नही गरीबों को मिलता यहाँ पर,
उनके हिस्से का भी कभी आसमान।

44. स्वाभिमान

कहां मैंने पूरा संसार मांगा है,
अपने हिस्से का आसमान मांगा है।

कहां मैंने कोई अधिकार मांगा है ,
अपने जिंदा रहने का सम्मान मांगा है।

कहां मैंने कोई नाम मांगा है,
इस संसार को चलाने का काम मांगा।

कहां मैंने कोई आराम मांगा है,
अपने संघर्ष का कोई नाम मांगा है।

कहां मैंने कोई परिणाम मांगा है ,
अपने अपमानों पर विराम मांगा है।

कहां मैंने कोई ख्वाब मांगा है,
इस अंधेरे से लड़ने का काम मांगा है।

कहां मैंने कोई निशान मांगा है ,
थोड़ी-सी हौसलों की उड़ान मांगा है।

कहां मैंने कोई मुकाम मांगा है ,
अपने कदमों को बेहिसाब मांगा है।

कहां मैंने बेहिसाब मांगा है,
बस थोड़ा सा स्वाभिमान मांगा है।

45. आओ लौट चलें

आज फिर याद आया अपना गाँव ,
बूढ़े बरगद की वो ठंडी -ठंडी छाँव,
निराश कदमों को ले बढ़ चलें हैं हम,
हथेली पर जान रख चल दिये ये पाँव।

याद करता रहा था,हमको हमारा गाँव,
भूले जिसे थे हम,दे रहा फिर से पनाह,
बड़े गहरे जख्म दे दिये इस शहर ने,
बाँह पसारे बुलाए, हमें पुरानी वो ठाँव।

झूठ की जिंदगी , इस शहर की जिंदगी,
टूटा ये दिल जो,न बची अब कोई बंदगी,
न चमक धमक थी ,न कोई शोरगुल था,
अच्छी थी अपनी वो सादगी की जिंदगी।

शहरों को हमने जतन से सजाया संवारा,
लगी ठोकरें हमको, ये दिल हुआ बेचारा,
सभी ने कोठियों के दरवाजे बंद किये,
पल भर भी इस शहर में न रहना गंवारा।

46. एक कप चाय

दौड़ती भागती जिंदगी में जरा ठहर जाते हैं,
थकती जिंदगी को एक कप चाय पिलाते है।

चाय के बहाने ही सही तुमसे मिलने आते हैं,
जिंदगी के कुछ मसले बैठ यूँ ही सुलझाते हैं।

तेरे मेरे बीच रिश्तों की इक डोर जोड़ती है,
ये चाय ही तो जिंदगी में मिठास घोलती है।

सर्द या गर्म हो मौसम ताजगी का अहसास है,
हाँ जनाब ! एक कप चाय यह बहुत खास है।

सादगी,सच्चाई, समय के साथ चलते जाना है,
उलझने हैं बहुत और गम भी अब सिराहना है।

ख्यालतों के पन्ने पलट-पलट सोंचते जब भी,
बदलते मौसम के जैसे हमें भी बदलते जाना है।

बैठो पहलू में सब्र से हाले दिल तुम्हे सुनाना है,
चाय तो बस बहाना है ,प्यार को आज़माना है।

47. बचपना

अपने बचपन को बनाए रखिए,
इस अहसास को बस सजाए रखिए।

मुस्कुराहट नहीं खुल कर हँसिए,
जिंदगी से ग़म को अलविदा कीजिए।

छोटी - छोटी बातों पर बेशक लड़िए,
खूब तक़रार, शैतानियाँ भी कीजिए।

भूल कर हर किसी कि गलतियाँ,
खिलखिला कर बचपना कीजिए।

बेवजह ही दोस्तों पर हक़ कीजिए,
भला बुरा शिकायतें लाख कीजिए।

बड़ी गंभीर हो गई अब तो ये ज़िंदगी,
कुछ भार दोस्तों के सर अदा कीजिए।

उम्र का लिहाज अब तो ज़रा छोड़िए,
बच्चों की तरह बन हँसिये और बोलिए।

मेरा दिल हो या फिर तुम्हारा दिल हो
इसमें फिर से एक बच्चा खोजिए।

48. शहर

इस शहर का अजब हाल है ,
बाहर से रौशन अंदर पड़ा वीरान है ।

हर शख्स के होठों पर कुछ सवाल है ,
ऊपर से सभी खुश,अंतर्मन बेहाल है ।

अजीब सा मंजर नुमाइश का है,
पूरा शहर चकाचौंध सा बाज़ार है ।

इंसा- इंसा को दौलत से तौलतें हैं ,
कुछ तो पैसों से खरीदते और बेचते हैं ।

बिकने को यहाँ हर शख्स तैयार है ,
हर कोई खोजता अपना खरीदार है ।

अपनी ज़मीं अपना अर्श ढूंढता इंसान है ,
घर शब्द के जाल में हुआ कर्ज़दार है ।

फ़ाख्ता खाक शहर के कफ़स में बंद है ,
जोड़ता उम्र आज साठ, सतर बरस है।

इस शहर का अजब हाल है ,
बाहर से रौशन अंदर पड़ा वीरान है।

49. हालत - ए - गुलशन

हवाओं मे ये किसने ज़हर घोला
फिज़ाओं पर क्यों लगा पहरा,
घुट घुट के जी रहा सारा शहर,
सोचा न था की हाल इस क़दर होगा,

बदले बदले हैं हालात -ए- गुलशन,
सिमट गए हैं बादल आसमानी,
बेपरवाही का आलम पसरा है,
सोचा न था की डर इस क़दर होगा,

महफ़िलें इस क़दर बेज़ार हैं,
रिश्ते दिलों के अब ज़ार ज़ार है,
तमाशबीन कर रहें हैं इंक़लाब,
सोचा न था कि इंसाफ़ इस क़दर होगा,

जीतकर हसरत भूल गए वादे सारे,
बैठकर गुजरती हैं अब काली रातें,
सुबह की उम्मीद अब ख़याल है,
सोचा न था दिल मायूस इस क़दर होगा।

प्रेरक उद्धार

50. गाँधी जी के बंदर

गाँधीजी के तीन बंदर जीवन के दृढ़ संकल्प,
ज्ञान, संस्कार, ध्यान का रूप निर्विकल्प।

व्यक्ति में गुण हो, यह व्यक्ति हो संपूर्ण,
गांधी जी ने बंदर के रूप में किया व्यक्त।

सामाज एक अविरल उच्च निम्न धारा,
बहो गति से पर रहो पाप से उन्मुक्त।

बुरा सुनो नहीं संचार-पाप से रहो मुक्त,
बुरा कहो नहीं संचार-पाप न हो व्यक्त।

बुरा देखो नहीं, अतः उठाओ कुछ कदम,
जिसने बापू को पढ़ा समझा यह मूल मंत्र।

त्याग ,समर्पण सदकर्म मानव की पहचान
कर्म इंसान को दिलवाता अनंत सम्मान।

गांधीजी के तीन बंदर जीवन के दृढ़ संकल्प,
सोचो, समझो, कुछ करो, यही हमारा कर्म है।

51. बापू

सत्य अहिंसा पर चले,करने जगत कल्याण,
द्वढ़ संकल्प सदा रहे, जैसे शैल समान।

गुजरात है जन्मस्थली, जीवन वृत महान,
जग उनके पीछे चला, देता सदा सम्मान।

मानव हित सर्वोपरि है, बातें यह लो जान,
सच्चे सैनिक भारत के,देश हित दिया प्राण।

दे दी आजादी हमें, बिन उठाए कृपाण,
देश के वो राष्ट्रपिता, हम सबके भगवान।

सत्याग्रह का मार्ग चुना,खादी है पहचान,
हम उन्हे आदर्श मानतें,करते हैं अभिमान।

सेवा हैं जो कर रहे, लगें आज भगवान,
कर जोड़ आभार करें, देश सेवा महान।

52. सपनों का भारत

गांधी के सपनों का
भारत हमको आज बनाना है ।
त्याग अहिंसा के संकल्पों
को हमको अपनाना है ।

हर ओर है करुण क्रंदन
देश में बदहाली है
राजनीति के दांव खेलती
रातें काली-काली है।

गांधी के सपनों का
भारत हमको आज बनाना है
मानवता हुई शर्मसार ,
खतरे में बहू बेटी की लाज है।

हवस लिए आंखों में
रोज होते यहाँ घात पे घात हैं।
ऐसे कुकर्मियों को
आज हमको सबक सिखाना है ।

सुख-दु:ख , जन्म मरण का फेरा
जीवन महासमर बना है
कर्मवीर हम धर्मवीर बन कर
नवीन प्रकाश फैलाना है।

विश्वास, सद्भावना का एक
दीपक हमको जलाना है।
सत्य अहिंसा के विचार आदर्शों
को फिर से हमें अपनाना है।
गांधी के सपनों का भारत हमको आज बनाना।

53. भारत का लाल

सादगी ,सौम्यता,द्ढ़ता,
अद्भुत शक्ति बल पाया।
कायस्थ परिवार में जन्में,
लाल बहादुर नाम रखाया।

बडा़ संकल्प ,बड़ा ध्येय,
पर छोटा ही कद पाया ।
स्वतंत्रता के महासमर में,
देश का परचम लहराया।

जय जवान,जय किसान का,
तुमने तो यह यशगान गाया।
श्रम से सब कुछ संभव है,
यह भी हम सबको समझाया।

सादी धोती ,दो कुर्तो में,
जीवन का आनंद उठाया।
देश हित को तत्परता सें,
एक समय भोजन का,
जन-आभियान चलाया।

बापू के परम भक्त तुम,
त्याग, तपस्या, अहिंसा,
के आदर्शों को अपनाया।
जन -चेतना को जगाकर,
जीवन मूल्यों को समझाया।

54. अटल प्रतिज्ञा

तम,अंधकार से तार कर राष्ट्र को ,
अनंत यात्रा पर गये छोड़ संसार को
देश हित मूल्य संकल्प के पार्थ तुम,
पोखरण में रचा स्वर्णिम इतिहास को।

हिंदू शब्द जब पाप सूचक हो गया,
रग- रग हिंदू मेरा परिचय खो गया ,
बोध अनुभूति सनातन संकल्प से,
आज भगवामयराष्ट्र सारा हो गया।

बीज जो बोया तुमने ,वृक्ष आज हो गया,
कश्मीर ,राममंदिर का समाधान हो गया,
पांचजन्य फूंका तुमने जिस यश गान का,
हिंदू राष्ट्र,हिंदू जीवन सफल मेरा हो गया ,

बढ़े राष्ट्र गाएं सभी शौर्य की गाथाएं
अभिनंदन और वंदन करती ये भुजाएं
गर्वित राष्ट्र गाता गीत जन गण मन के,
देश भक्ति ,राष्ट्र का हम जयगान गाएं।

55. पुरूष

पुरूष तुम बाह्य आवरण, अंतर्मन है उन्मुक्त,
कठोर हृदय में बहता जैसे निर्मल सा जल।

सूखे तृण बन रूदन, क्रंदन करते अपलक,
कठोर दिखें अस्पष्ट प्रवृत्ति जैसे श्री फल।

कांधे जीवन का जुआ, बोझ उठाते रात दिन,
प्रदर्शन करते पौरूष का कर कठिन परिश्रम।

मर्यादा ,अहंकार,गौरव,रक्षण,की मिट्टी से रंगे,
भरण,पोषण,निर्वहन करने की जिद को अड़े।

जीवन के चाक पर रख जिजीविषा की मिट्टी,
देते आकार करते साकार अपनी घर गृहस्थी।

हिसाब ,किताब का सामंजस्य बैठाते रहते,
सीखते ,सिखाने में गुजार दें, ये सारी जिंदगी।

कठोर निर्णय में देते ,उपमाओं में जीवन दर्शन,
कर्मठ,एकाग्र,संघर्ष के पूरक तुम,तुमसे जीवन।

पिता, पुत्र,भाई ,सगे , संबधी, मित्र संवेदनशील,
जीवन साथी समर्पित, हर रूप को मेरा नमन।

56. कृषक

प्रकृति सहचर कृषक पालनहार है,
खेती करता श्रमिक तारणहार है,
ऊसर, उर्वरण धरती का सृजक ,
संसार में अन्न कोष का सृजनहार है।

माटी को नित रौंदे, बीज कई बोए ,
मुख पर खुशहाली हर हाल में सोहे,
खेतों पर जाया करता नित सुबह सवेरे,
मौसम की मार भी अनावरत ही झेले।

बारिश का मौसम या हो ग्रीष्म मास,
शीतलहर जीवन को चाहे करे ग्रास,
भूखे पेट कभी खाकर रूखी- सूखी,
डट कर खेतों में करता रहता प्रयास।

पीठ और पेट मिलकर एक हुए जाते हैं,
जर्जर देह और कांधे ऋण बोझ उठाते हैं,
मिट्टी से सोना उगाने की चाह जगाए है,
खेती लहलाए, फसल की आस लगाए है।

देश के खाद्यान्न भंडार को ये भरता है,
पर फिर भी भूखे पेट सदा ही रहता है,
दो कपड़ों में ही खेतों पर डटा रहता है,
धरती, प्रकृति, खेतों से प्यार करता है।

एकांत ,निश्चल ,सरल जीवन जीता है,
मौसमों के भी यह आघात सहता है,
दो मुट्ठी अनाज रूप पारितोषिक ले,
फसल देख दिन - रात प्रसन्न रहता है।

संध्या आरती करती बैलों की घंटियां,
बजती मनोरम कानों में ध्वनियां,
गोधूलि बेला में करता रहता यह वंदना,
अन्न भंडार भरे देश के, सफल हो सर्जना।

५७. गुरु

शिक्षक तमोहर ज्ञान प्रकाश है,
स्वछंद ,भाव, उच्च एक विचार है,
सुखद भविष्य की करे कामना,
शोध का रूप, हर लेता विकार है।

सूर्य सा कंचन करता संसार है,
नव अंकुरों का ये पालनहार है,
दृढ़ संकल्प शक्ति का संचार है,
देश के भविष्य का सृजनहार है।

गुरू स्वयं संपूर्ण ज्ञान का तत्व है ,
शिक्षक ज्ञान का मुख्य प्रसार है,
गुण - दोषों की करता विवेचना,
परिष्कृत करता हमारा आचार है।

पाठशाला का एक रचनाकार है,
बचपन को देती कुशल आकार है,
शुद्धता, समानता का व्यवहार है,
कुरितियों, कुविचारों का प्रतिकार है।

चेतना ,संस्कार ,शिक्षा का प्रसार है,
आत्मा से शरीर का साक्षात्कार है,
कोमल जीवन को देता नव संचार है,
गुरू, शिक्षक की महिमा अपार है।

58. दोस्त

ऐ दोस्त तेरे होने से इकबाल मेरा है ,
जिंदगी कामयाब, पूरा शहर मेरा है।

हर जन्म में तेरी दोस्ती का साथ रहे,
तेरी मेहरबानियों को शुक्रिया मेरा है।

डरती था दौरे जमाने से मैं अक्सर,
तेरे होने से हर मौसम सुनहरा है।

जब- जब गिरी लापरवाही से मैं कभी ,
हाथ बढ़ाकर मिला सहारा तेरा है।

नाकामियों में भी तेरा साथ रहा,
तेरे जिक्र से ही मेरा हर ख्वाब पूरा है।

नींद सुकून दिन चैन से अब बीते,
तेरे बिना जीवन मेरा यह अधूरा है।

जब दोस्तों का जिक्र हो शाम अक्सर,
तेरे तख़ल्लुस से मेरा नाम पूरा है।

५९. पिता

पिता जीवन का वरदान है,
माँ और बच्चों की मुस्कान है।

कठोर आवरण श्रीफल सा,
अंदर शीतल जल संचार है।

पिता सुषुप्त प्रेम ज्ञान है,
धरा पर जीवन का अधार है।

पिता पूज्य परमेश्वर जगत है,
जिससे दीप्तमान संसार है।

पिता घर की दो वक्त की रोटी,
जिससे पलता सारा परिवार है।

पिता संघर्ष की पहचान,
हर डर, भय का प्रतिकार है।

पिता आदर्श कर्म का,
पिता योग्यता की पहचान है।

पिता संयम, पिता नियंत्रण,
पिता व्यवहार कुशल ज्ञान है।

पिता घोड़ा, पिता खिलौना,
परेशानियों का समाधान है।

पिता हमारी धन संपत्ति,
पिता ही साक्षात् भगवान है।

करें प्रणाम करबद्ध उनको,
जीवन हम पर उपकार है।

दुःख सहना माँ पिता के कारण,
जीवन हमे पर अहसान है।

कर्ज़ है इनका सर पर अपने ,
भिक्षा न कोई दान है ।

60. माँ

माँ शब्द नही पूरा संसार है,
जिससे जीवन पाता इंसान है,
माँ ममता, माँ ही अभिमान है,
नही माँगती कुछ भी हमसे,
प्यार लुटाती बेहिसाब है।

माँ ही पालक, माँ सृजक है,
माँ ही शिक्षिका ,माँ ही ज्ञान है,
माँ सह घात हृदय देती आकार है,
माँ ईश्वर का धरा पर वरदान है,
माँ शब्द नही पूरा संसार है।

जब थके-हारे परेशान घर आते हैं,
तपती में सावन की ठंडी फुहार है,
संभल- संभल कर चलना बिटिया,
हर डर के आगे डटना बिटिया,
माँ शक्ति ,बल ,संघर्ष का संचार है।

माँ बातों बातों दे जाती गूढ़ ज्ञान है,
माँ ही मनोबल ,प्रेम, संस्कार है,
जब आए विपदा हम पर कोई ,
माँ बन जाती एक ललकार है,
माँ शब्द नही पूरा संसार है।

सामायिक दर्पण

61. संविधान

'संविधान भारत एक ग्रंथ विशेष हूँ,
नीतियों आचारों का देता संदेश हूँ।

लोकतंत्र की नीतियों का मैं आधार हूँ,
भारतवासियों की आस्था विश्वास हूँ।

छब्बीस नवम्बर को हुआ स्वीकृत,
छब्बीस जनवरी को देश को हुआ समर्पित।

लोकतंत्र , गणतंत्र का मैं आधार हूँ,
मानवता मूल्यों का सजग संचार हूँ।

समता,समरसता अधिकारों का उपबंध हूँ,
लाचार, दलितों , पिछड़ो का संबल हूँ।

न्याय व्यवस्था का मैं पालनहार हूँ,
करोड़ों भारतवासी का तारणहार हूँ।

नए भारत का नया आकार हूँ।
बाबा साहेब की मेहनत का रूप साकार हूँ।,

संप्रभुता, सर्वधर्म मैं सम्भाव हूँ,
राष्ट्रद्रोहियों के लिये घातक हथियार हूँ।

62. संविधान दिवस

हर्ष से मनाएं हम संविधान दिवस,
बाबा साहब इसके आधार स्तंभ।

नव प्रण,नव चेतना नित नव सृजन,
देशहित रक्षा हेतु लेना तुम्हे नव प्रण।

अधिकारों से पहले याद करो कर्तव्य,
यही आजादी का सही मायने में अर्थ।

देश प्रेम,कल्याण,उत्थान व उत्कर्ष,
देश प्रगति पथ पर आगे बढ़ो सहर्ष।

राष्ट्रीय एकता,धर्म,संप्रदाय ,अपनत्व,
विभिन्नता में एकता आजादी का संकल्प।

साक्षरता, संपन्नता,समानता का मंत्र,
स्वच्छ,समृद्ध भारत का सफल हो तंत्र।

समाज अविरल पथ उच्च निम्न संयुक्त,
बहो गति से स्वछंद रहो पाप से मुक्त।

विश्व जंगत में भारत बढ़े सदा सफिल,
शांति दूत परिचायक,विश्व शांति संकल्प।

63. तलाक

तीन तलाक अब अपराध है,
नारी न्याय की बनी आवाज़ है,
प्रथा मुक्ति की बनी जंजाल है,
जिसने तोड़े कितने घरबार हैं,

धर्म के नाम पर क्यों भेदभाव है,
नारी सम्मान बना अब सवाल है
शाहबानो ने लगाई थी गुहार
अन्याय ने रचा कुत्सित जाल है,

नारियां दासी बनी चुपचाप रहें ,
बच्चे पिता विहीन हो सब्र करें ,
बेटियां लौट वापस घर दर्द सहें,
वेदना हृदय की अब किससे कहें,

हाय विधाता! जननी अभिशप्त है,
विवाह संबंध बना एक व्यापार है,
बच्चों के पालन पोषण की गुहार है,
तीन तलाक अब हुआ बेकार है,

सरकार ने उठाया कदम आज है,
संसद सदस्यों ने किया विचार है,
कानून बना तीन तलाक अभिशाप है,
भारतवासियों ने किया स्वीकार है।

64. नागरिकता बिल

नागरिकता बिल प्रावधान नहीं नया,
संविधान मूल में इसकी प्रति छाया।

अल्पसंख्यक हिंद के प्रताड़ित वासी,
हित में सरकार ने उनके बिल ये लाया।

देश के नागरिक हो नही कोई भगवान
तुमने बिन सोचे क्यों मचाया कोहराम।

अल्पसंख्यक हिंदू, सिख,बौद्ध,पारसी,
पड़ोसी देशों ने धर्म परिवर्तन कराया।

देश के बँटवारें में रहे सभी यहाँ सुरक्षित,
अल्पसंख्यक,निर्बल को किया आरक्षित।

जो पड़ोसी मुल्क में भाई अपने रह गये,
धर्म नाम पर वहाँ किये गये प्रताड़ित।

बहू,बेटियाँ ,जाँ लुटती देख हुए प्रार्थी,
छोड़ छाड़ घर- द्वार बन गये शरणार्थी।

हिंद के वासी वो बनना चाहें भारतवासी,
आज भी लाखों भाई शरणागत अभ्यर्थी।

65. बवाल

लोकतंत्र में प्रदर्शन संवैधानिक अधिकार,
महाविद्यालय को बनाया राजनीति बाज़ार।

हिंसा फैला कर मचा रहे हो नये बवाल,
फूंक रहे बस बैठे लोगों को उठता सवाल।

मासूम है देश फूंकने वाले शिक्षक व छात्र ,
किसने बनाया इनके लिये मानव अधिकार।

सदैव से उठता रहा पुलिस पर कई सवाल,
आमलोगों को बचाने को झेले खुद पर प्रहार।

सामने लाओ पीछे छुपे जो हैं सब मक्कार,
मासूम छात्रों के कांधे अस्त्र रख करते प्रहार।

बच्चों करो आगे आ, राजनीति का बहिष्कार,
देश के भविष्य तुम न बनो राजनीति हथियार।

66. मौन क्रंदन

कंलकित आज इतिहास हुआ है,
हिंदू का जग में परिहास हुआ है,
गेरूआ पूजित वंदित सदा रहा भू पर,
संतों के वध पर चुप क्यों समाज हुआ है।

सुनो माँ भारती का मौन क्रंदन,
किस किसने लूटा मेरा ये जीवन,
बुद्ध,महावीर के ज्ञान की धरा पावन ,
रक्त रंजित फिर से भारत लहूलुहान हुआ है।

बंद करो झूठा ये मान रक्षण,
मत कहो तुम हो संस्कृति के रक्षक,
तुष्टिकरण ,राजनीति के दाँव पेंच खेलो,
संतो की हत्या को सत्ता तराजू पर न तोलो।

कहाँ गये मेरे चंद्रशेखर ,भगत सिंह,
खुद्दीराम बोस और रणबांकुरे उधम सिंह,
जन ,गण ,मन आज फिर से संविधान डोले
त्रिनेत्र खोलो शम्भू ,फिर शक्ति का रौद्र बोले ।

सभी कलम चुपचाप क्यों रो रही है,
भाव भावना व्यक्त क्योंकर न हो रही हैं,
शब्द विन्यास ,छंद गले में अटके पड़े हैं,
भारत के शूर वीर जागो ,अब तो एक हो लो।

67. सैनिक की अभिलाषा

जीत कर हर मैदान आऊंगा,
मां तेरे आंचल में लिपट जाऊंगा,
खून से अपने सींच धरा तेरी,
अमर नाम अपना कर जाऊंगा।

तिलक केसरी शीश सजाऊँगा,
बसंती चोला पहन इठलाऊंगा,
यह वीरों की जननी धरा अमर,
शत्रु रक्त शोणित तिलक लगाऊंगा।

आज रण सैनिक धर्म निभाऊंगा,
देश प्रेम रक्षा का वचन निभाऊंगा,
तिरंगा विजयी जय गाथा गाऊंगा,
फिर तेरे आंचल में लिपट जाऊंगा।

देश के लिए कुर्बान कहलाऊंगा,
तेरा मस्तक हिमालय सा उठाऊंगा,
तेरी चूनर धानी रहे ,होली दिवाली रहे,
बलिदान के नए गीत गुनगुनाऊंगा।

इतिहास धरा का मैं दोहराऊंगा,
घात लगाए व्याधों को मार भगाऊंगा,
तू आंखों में आए पानी कम करना,
मेरे जाने का दुनिया से न ग़म करना।

68. प्यारा तिरंगा

तिरंगा हम वतन का कभी झुकने नहीं देंगे,
अखंड भारत का संकल्प मिटने नहीं देंगे।

लाख चालें दुश्मन चले अब सरहद पार से,
मंसूबे फेर पानी,इरादे उनके बढ़ने नहीं देंगे।

जो आंख उठाएगा भारत पर जान से जाएगा,
ललकार यही है ,पैर उनके यहाँ जमने नहीं देंगे।

महकती आबोहवा देश हमारा आबाद रहे ,
सैनिकों के बलिदान की कहानी मिटने नहीं देंगे।

जब समय आएगा आखिरी सांस तक लड़ेंगे,
हमारी जान से प्यारा वतन ये लुटने नहीं देंगे।

देशद्रोही,गद्दार, जयचंदों अब समय आ गया ,
लाख भेष बदलो, तुम्हें अब छुपने नहीं देंगे।

जो चलें सियासत चाल, देश बेचें जो मक्कार,
ऐसे देशद्रोहियों को देश में जीने नहीं देंगे।

69. अभिमान तिरंगा

आज तिरंगा शान से फहर- फहर फहराएगा,
भारत माता का आँचल केसरिया हो जएगा।

भारत के वीरों को नमन कर प्रण ये दोहराएगा,
आज तिरंगा शान से लहर- लहर लहराएगा।

वीरों की ये परंपरा मस्तक ,शीश भेंट चढ़ाएगा,
भारत का बच्चा-बच्चा भगत सिंह बन जाएगा।

देशभक्त जो राष्ट्रभक्त हैं जन मन गण गाएगा,
आज तिरंगा शान से लहर - लहर लहराएगा।

स्वतंत्रता का अर्थ को समझो वरना देश क्षति कर जाएगा,
तोड़फोड़,धरना,जाम राष्ट्र को परतंत्र बनाएगा।

अधिकार मेरा, तेरा संकुचित भाव रह जाएगा,
फिर हम पर कोई सदियों तक हुक्म चलाएगा।

स्वाहित,जातिहित का गौरवगान गाया जाएगा,
जय हे, जय हे ,जय हे, राष्ट्र भाव मर जाएगा ।

पंजाब,सिंध,गुजरित,मराठा मुट्ठी गर बन जांएगा,
देश का अभिमान तिरंगा लहर- लहर लहराएगा।

70. चंद्रयान

नई उम्मीदों का सवेरा साथ लाया है,
सपनों की उड़ान ने आकार पाया है,
विज्ञान विझ के सफल प्रयासों से ही
हमने चंद्रध्रुव पर तिरंगा लहराया है।

सूर्य- रश्मियों ने संकल्प को दोहराया है,
प्रतिबद्धता,कर्मठता से विश्व घबराया है,
क्यों अश्रु जल से आँखों छलकाते हो,
भारत- भारती ने बढ़ हृदय से लगाया है।

प्रयास कई राष्ट्रों का असफलता पाया है,
हमने नक्षत्रों से ग्रथों को सजाया है,
'विक्रम' को दक्षिणी ध्रुव तक पहुँचाया है,
देश का मस्तक हिमालय तक उठाया है।

'चंद्रयान' ने सभी की उम्मीदों को जगाया है,
ऑरबिटर ने कक्षा में चक्कर भी लगाया है,
प्रज्ञान रोबोटिक लैंडर संपर्क टूट गया है,
भारत विज्ञान का परचम विश्व में लहराया है।

71. अपना परिवेश

बदल गया है ज़माना,
बदल गया परिवेश है,
रहन- सहन के ढंग बदले,
बदला अपना ये देश है।

झूठ, फरेब , धोखा ,हिंसा,
भ्रष्टाचार यहाँ विशेष है,
नैतिक मूल्यों का हुआ पतन,
चिंता का विषय ये शेष है।

यह मेरा है ,यह तेरा है,
झूठे सारे यह भेद हैं,
एक दूजे का करें सम्मान,
मिट जाएंगे सारे क्लेश हैं।

नव युग हमें दे रहा चुनौती,
जला ज्ञान की अमर ज्योति,
सींचे प्रेम तरू जो हम मिल,
हरित क्रांति संभव हो तब।

शिक्षा,ज्ञान,संस्कार,आस्था,
से गढ़ना अपना परिवेश है,
युगों - युगों की पंरपरा का,
पथगामी भारत मेरा देश है।

72. तड़पता बिहार

आँसुओं से शब्द लिखना,
मुश्किल बहुत अब चुप रहना,
सत्ता की लचारी, हाय बिमारी,
मरते अहसासात,जख्मी हालात,
गरीबी से लड़ते, बुखार से मरते,
देश के भविष्य मासूम ये बच्चे,
तड़पता बिहार, सोती सरकार,
निढाल और अभावग्रस्त उपचार,
नेता चुप, नोबेल विजेता चुप,
देश की नीतियों के प्रणेता चुप,
सियासी अल्फ़ाज़, झूठे संताप,
कलपती माएँ, लाचार बाप,
चमकी बुखार क्यों लील रहा जान,
अंतरिक्ष में कदम बढ़ाता विज्ञान,
प्रांत में उपचार का आभाव,
मालिक तू ही अब तो रहम कर ,
बेकार हुआ सब अनुसंधान है,
कहर ढा रहा है ,चमकी बुखार!

73. तेज़ाब

किसने इश्क को बदनाम कर दिया,
आशिकों को सरे बाज़ार कर दिया,
हवस को आशिकी का नाम कर दिया,
मोहब्बत नाम पर हुस्न को तेज़ाब कर दिया।

मिल जाए तो कसक दिल की पूरी हो,
न ख्वाहिश पूरी, तो सरे आम कर दिया ,
आशिकी को इस तरह बदनाम कर दिया,
उम्र भर के लिये अश्क का इनाम कर दिया।

जला चेहरा सुकूने दिल को आराम कर लिया,
इश्क के नाम पर ये इल्जाम कर दिया,
किसी घर की ज़ीनत को बेज़ार कर दिया,
उम्र भर के लिये उसे गुनाहगार कर दिया।

जज़्बा-ए-जिंदगी मुस्कुराती रही हर हाल में,
क्यों इसे मिटाने का इम्तहान कर लिया,
दिल जले हो तो दर्दे दिल दिखाओ ,
यूं जिंदगी को न तेज़ाब से मिटाओ।

74. विक्षिप्त

शहर में आ गया ये कौन है,
कभी हँसता जोर -जोर से ,
कभी खड़ा एकदम मौन है।

दौड़ता कभी जोर से
तो कभी किसी खौफ से,
खोजता कुछ चारों ओर है।

हाथ खोल नापता आकाश है,
डरता कभी ,कभी चीखता,
कौंधता जैसे प्रकाश है।

देख कर ऊपर कुछ बोलता है ,
कभी चुपचाप कुछ सोचता,
लौटते कदमों से कुछ जोड़ता है।

दर्द आँखों में दबा लेता है!
होठों से कुछ बुदबुदा देता,
मुट्ठियाँ भींच क्या छुपा लेता है।

तन जर्जर है, मन आहत है,
जाने उसकी क्या चाहत है,
कैसे उसकी ये हालत है।

लोग उसको नकारते हैं,
चल हट पागल पुकारते हैं,
करूणा दृष्टि डालते हैं,
मृत प्रायः मानते हैं।

75. मृत्युदंड

जिंदगी सी आंखें तेरी,
होंठ कर रहे कुछ सवाल ,
देखकर भोली तस्वीर तेरी,
रो पड़ी मैं आज बार बार,
कैसा दौर अजब आया है ,
जीवन भी आज घबराया है,
तेरी जिस्मों के घावों को,
मैंने अपने ऊपर आज पाया है,
तू नन्हीं कली आंगन की,
खिलखिलाती थी तेरी हंसी ,
निर्भया ,आसिफ़ा के बाद ,
मानवता हुई शर्मसार आज,
हम कब तक आंसू बहाएंगे ,
अपराध मान जाँच करवाएंगे ,
समाज नाम पर कैंडल जलाएंगे ,
कुत्सित मन पर चोट कर पाएंगे,
मस्तिष्क विकार को मिटाएंगे,
समाज को नई दिशा दे पाएंगे,
अपराध नहीं जघन्य अत्याचार है ,
यह दानवी ,राक्षसी कुकृत्य है ,
मानव संवेदनाएं मरणासन्न है,
तेरी हत्या समाज पर प्रश्न है,
जिसकी सजा सिर्फ मृत्युदंड है।

76. भीड़तंत्र

भीड़ का चेहरा नहीं,
साकार रूप है यही,

चल देते पीछे सभी,
पहचान पर कोई नहीं,

भीड़ बन चल रहे सभी,
मशीन बन संतुष्ट यहीं,

विवेक बुद्धि चुप रही,
सोच अब कुछ भी नहीं,

कितनी मुट्ठी ,कितने हाथ,
चेहरों पर डाले नकाब,

रूप कर रहा हाहाकार,
उग्र विनाश और विकराल,

सड़कों पर हो रहा न्याय,
बेहाल व्यवस्था, चुप समाज,

मानव पतन या विकास,
सोचें सभी मिलकर आज।

77. कोरोना विषाणु

विषाणु....विष का सूक्ष्मतम तत्व,
सुप्त अवस्था में रखता है ये वर्चस्व।

रक्तबीज कोरोना सूक्ष्म व विनाशक,
जिसने फैलाया विश्व में जाल घातक।

जीवित माध्यम या फैलाए इसे धारक,
पूरे विश्व में भय बन गया संक्रामक।

कोशिकाओं पर असर डाले संहारक
कोरोना से पूरे विश्व में भय है व्यापक।

क्रिस्टल क्राउन की तरह इसकी सजावट,
कोरोना संरचना कोविड -१९ की बनावट।

कैसे आया मारक विषाणु विध्वंसात्मक,
वैज्ञानिकों के लिये विषय अनुसंधानात्मक।

विज्ञ चिकित्सकों के समझ से ये बाहर,
बचाव का उपाय बस अनुशासनात्मक।

वैदिक रीति रिवाज आज प्रबल हुए,
जो मानव को दे रहे आज संबल ।

चुंबन,गले, हाथ ,मेल हुआ निषेधात्मक,
करबद्ध , प्रणाम ,निवेदन प्रयोगात्मक।

मांसाहार बना प्रबल पीड़ा प्रदायक,
शाकाहार आज लगे है जीवनदायक।

न घबराएं ,न फैले कोई संदेश भ्रामक,
सुख ,शांति ,मनोबल सफल शुभदायक।

78. मीडिया

मीडिया की ब्रेकिंग न्यूज़ धमाकेदार,
घर पर ही परोसे खबरें ज़ायकेदार,
जनता के मनोरंजन का रखे ख्याल,
मुद्दों पे पैनल बिठा खूब करे धमाल।

जब संसार वुहान - वुहान खेल रह था,
हमारा मीडिया शाहीनबाग़ झेल रहा था,
ट्रंप का भारत दर्शन भ्रमण दिखाया
पड़ोसी देशों को भी खूब जलाया।

वुहान का सही लोकेशन इसने ही बताया,
कोरोना का परिचय भी हमसे करवाया,
भारी -भरकम अंग्रेजी शब्दों को सिखाया,
कोरेन्टाइन,आईसोलेशन,सेनेटाईज़र रटवाया।

बड़ी मुश्किलों से हमे समझ में कुछ आया,
लॉक्डाउन जैसा एक नया शब्द समझ आया,
अभी हम कुछ ठीक से समझ ही पाते की,
पुलिस और जमातियों ने खेल खूब जमाया।

आगे जमाती पीछे पुलिस बल नज़र आया,
घर बैठे लोगो नें जमकर आनंद उठाया,
कोरोना को भगाने का खूब जतन कराया,
दिया ,थाली,घंटी सब खूब हमसे बजवाया।

घर में बंद हुए हम सब ,यही एक सहारा था,
गली, सड़कों, बंद दुकानों का नज़ारा था,
कहीं पटकती लठ्ठ पुलिस हमें नज़र आई,
कहीं इसकी दूर दृष्टि नें राहित कई पहुँचाई।

ट्रेन बंद, हवाई उड़ानें ,रोज़गार धंधे बंद,
पर मीडिया व्यापार हुआ आनंद -आनंद,
फिर मजदूरों का मुद्दा भी खूब गरमाया,
मीडिया ने इसकों बड़ी जतन से भुनाया।

बंगाली, बिहारी, झारखंडी, उत्तर प्रदेशी,
मजदूरों की घर वापसी को दिखलाया,
प्रवासियों की समस्याओं का शोर मचाया,
एक के बाद एक नये मुद्दों को खूब उठाया,

मीडिया को अभिव्यक्ति की स्वतंत्रता है,
इन पर किसी का भी जोर नही चलता है,
नेता , प्रणेता,व्यवसायी ,खिलाड़ी सभी के,
काम व नाम प्रचार मीडिया ही तो करता है।

हम आम जनता इस मामले में बड़ी लाचार हैं,
इनकी परोसे जा़यके को चखने के तलबगार हैं।

79. गाँधी के देश में

आज मानवता हुई शर्मसार,
फिर गाँधी के इस देश में।
पल रहें कितने विषधर साँप
छुपकर वहशियों के भेष में।

दहशतगर्दी खेल इनका
फैलाते ये नफरत मेरे प्यारे देश में।
भाईचारे के संदेश सारे
बेकार हुए आपस के इस भेद में।

जिद पर अड़ी जो कौमें
संविधान क्यों सवाल के घेरे में।
किसने ये नफरत के
बीज बोए भारत मेरे देश में।

अनभिज्ञ है जो मानवता से
माहिर दंगे ,आगजनी में।
माँगे देखो कैसे न्याय आज
सहिष्णु भारत जैसे देश में।

चुपचाप लुटते देखा जिसने
कश्मीर ,केरल को इस देश में।
कभी नही निकले लेकर तिरंगा
बचाने मानवता इस देश में।

बहक न जाना गुमराह होकर
न मोहरा बनना राजनीति के खेल में।
कलंकित किया फिर इतिहास
भाई तुमने ! मेरे भारत देश में।

80. अखंड भारत जयघोष

जय भी होगा ,जय घोष भी होगा
शंखनाद प्रघोर भी होगा ,
जन गण मन की अभिव्यक्ति का,
भारत में अब शोर भी होगा।

लहर भी होगी ललकार भी होगी ,
न्याय की अब हुंकार भी होगी,
छद्मभेषी जन सेवकों पर ,
कानून से कुठाराघात भी होगी,

कश्मीरियों के साथ हुए,
अत्याचारों की आवाज भी होगी,
अटल, परिकर,मुखर्जी के सपनों के ,
भारत की बात भी होगी।

पत्थरबाजों के हाथों में ,
कलम की सौगात भी होगी ,
कश्मीर की वादियों में,
नए मौसम की बहार भी होगी ।

लहराए तिरंगा घाटी में,
केसर क्यारियाँ गुलजार भी होंगी,
जय भी होगा जय घोष भी होगा,
शंखनाद और शोर भी होगा।

नव वर्ष अभिनंदन

नव वर्ष हर्षित अभिनंदन तुम्हारा है,
नव चेतना,आशा से झूमे जग ये सारा है,
मंगल दीप जलाओं अब हर घर- घर में,
आया नव विहान लेकर नव उजियारा है।

कोई छोटा नहीं ,न कोई अहंकार में तना हो,
दीन -हीन की रक्षा में तन - मन से जुटा हो,
खुशियों की चादर फैलाकर,साथ हम बैठें,
मान दे हम सबको ,हर दिल में प्यार भरा हो।
नव वर्ष .....

विश्व शांति ,सौहार्द से फैले सदा ही धीरता,
हाथों से लिखते हम दुनिया की नई संहिता ,
मन के भावों को गंगाजल सा पावन रखकर,
जग को देनी नई दिशा,नव प्रवाह की धारा है।
नव वर्ष ......

खूब रचा रचयिता ने जग का ये विधान है,
इसके वेग-आवेग में बहते हम लहर समान हैं,
ऊंचाई तक जाने के बाद ,आना फिर धरातल,
गढ़ नूतन सोपान,समय भी कब कहाँ ठहरा है।

नव वर्ष हर्षित अभिनंदन तुम्हारा है।